Mujer
De la
Sombra a la Luz

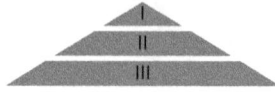

Mujer de la Sombra a la Luz
Libro I * Por la Vida
Libro II * Propongo
Libro III * Juntos para Siempre

Publicado por
D'Har Services
P.O. Box 290
Yelm, Wa 98597
www.dharservices.com
info@dharservices.com
webmaster@dharservices.com

ISBN-13:978-0-9842033-0-7

☆

∞

Este Libro
está dedicado
a mi amado Dios
y
a todas las mujeres
que anhelan la libertad
y ser parte de ella

Índice

Libro I
Por la Vida

Libro II
Te Propongo

Libro III
Juntos para Siempre

Agradecimientos

∞

A mi maravilloso esposo por su amor y apoyo continuo lo cual es invaluable, a mi hija e hijos por ser tan especiales, a mis padres por darme la vida, a mi familia y amigos, gracias por sus enseñanzas y por estar en mi vida.

Os amo a todos

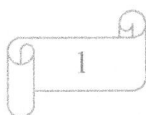

Reconocimiento Especial

∞

A lo largo de mi vida   cavilaba por horas enteras y me preguntaba, en ocasiones, si tendría la dicha de conocer un ser excepcional como fue "Jesús" y poder escuchar sus enseñanzas, hablar con él y recorrer el camino que él recorrería. Para sorpresa en pleno siglo XXI, he vislumbrado mi sueño; reconozco abiertamente y doy las gracias a JZ. Knight por el trabajo maravilloso que ha venido desarrollando en su escuela RSE "Ramtha's School of Enlightenment" Escuela de iluminación donde enseñan métodos para desarrollar la mente.
Gracias Ramtha por impartir estas enseñanzas que son un legado para la iluminación del ser humano.

Visita: www.ramtha.com
Sitios de ayuda a tu crecimiento espiritual
www.lyricus.org y www.wingmakers.com

Prólogo

Saeta o Flecha de Luz: Dispersa los sistemas de creencias pasados indeseables, en general rompe los bloqueos del pasado que dificultan la iniciación

"Que tú existas hace una diferencia", afirma el filósofo norteamericano Robert Nocik. Sin duda este libro representa la puesta en marcha de una diferencia personal al servicio de la pacificación del mundo que habitamos.

Un mundo que necesita escritores capaces de hablar sin miedo y revelar a los... "enemigos ocultos pero no escondidos..." como nos dice Edilma Ángel, su autora. El enigma de la mujer, ¿qué quiere una mujer para sí misma? Esta y otras preguntas forman parte de los trucos y mentiras culturales para mantener en la sombra aquello que desde siempre ha pertenecido a la luz.

La mujer heredera de un mensaje de armonía y equilibrio reemplazada hoy por arquetipos vacíos de esencia. Sin embargo, de vez en cuando surgen escritores que tratan de promover un cambio de mentalidad. Que proponen y debaten. Se arriesgan. Es el caso de esta escritora colombiana sencilla y afable, de mirada dulce e inteligencia profunda.

El título que ha escogido para su inspirador trabajo apunta al argumento central de la obra, el contraste entre la luz y las sombras en medio del cual se debate la mujer desde el comienzo de la historia. Pero este debate, por absurdo ha tocado hoy a su fin.

Libros como el de Edilma Ángel ratifican esta afirmación. Nos guían. Nos proveen. Nos elevan. Nos hablan en un lenguaje claro dirigido al corazón y a la esperanza. A la fibra de nuestro ser. No pierdas la oportunidad de leer una prosa que trasciende las fronteras de la literatura de autoayuda para convertirse en una plegaria de auto-sanación femenina y por extensión de todos de los seres de la naturaleza.

Las mujeres de Occidente salvaran al mundo, acertó en decir el Dalai Lama. No cabe duda que el libro de Edilma Ángel ayuda a fecundar el espíritu femenino hacia esa

necesaria auto-salvación. Sigamos sus pasos
uniendo nuestras manos en este despertar.

Christina A. Balinotti
Psicóloga, Escritora, Experta Holística.
Conductora y Productora de Televisión.

Autora de **"Feminidad Holística"** Ensayo basado en una
nueva forma de Feminidad y origen de un nuevo
paradigma cultural, complementa y amplia la visión
interna desarrollada en el libro **"Mujer de la Sombra a la
Luz"** escrito por Edilma Ángel.

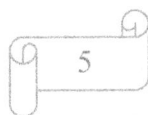

Introducción

Sei He Ki: Símbolo de la mente o de la armonía, el dragón de emociones profundas, pone en contacto con el inconsciente del paciente, sirve para problemas mentales, depresiones, facilita la comunicación, para estar inspirados.

Con profunda inquietud... me preguntaba ¿por qué con tanta tecnología no han logrado erradicar el cáncer?

A medida que leía artículos e investigaciones medicas sobre el tema y escuchando a las personas que acudían a mí; observé que los problemas psicológicos estaban involucrados en la mayoría de los casos. Se sabe que el 99% de las enfermedades son psicosomáticas; observe que el cáncer está muy relacionado con los pensamientos negativos que mantienen en su mente las personas.

Creció dentro de mí la necesidad de hacer algo al respecto y tome la decisión de poner mi conocimiento al servicio de todos, quiero evitar que llegue este problema a sus vidas; con conocimiento podrían manejar el miedo y el terror que afecta tanto al paciente.

Recuerdo que cuando hablaba con mi familia, mis amigas o algunas personas que apenas conocía y me comentaban sus dificultades. Yo las podía reconfortar con mis sugerencias y guías.

La mayoría de las veces expresaban; "sabes me hace bien hablar contigo; escríbelo y me lo envías para analizarlo". O decían, "Tan bello, me gusta lo que explicas o comprendo me siento bien ¡gracias!"

Empecé a escribir enviando notas y sugerencias y de pronto me dije ¿por qué no beneficiar a más personas? Y sobre todo a la mujer; aquella que quiere cambiar su vida, tener libertad y ser una luz inspiradora para sí mismas y sus familias, Así nació:

"MUJER DE LA SOMBRA A LA LUZ"

Encontrarás sugerencias que puedes utilizar, están basadas en mi continua labor ayudando a mujeres por más de una década.

Las he visto pasar de la sombra a la luz enriquecedora de su ser. Cuando rescataban su valor y dignidad.

Es indescriptible la emoción que me embarga cuando las veo florecer, cuando logra concebirse como un ser valioso y maravilloso.

Deseo de corazón que al terminar de leer este libro te pueda servir para manejar tu vida con mayor tranquilidad; basada en altos ideales. Este libro es una terapia en sí, está escrito en tres partes.

La primera es una confrontación contigo misma; ya que ahí encontrarás pasajes e historias que tal vez has experimentado, lo escribí así, para analizar tus problemas desde otro punto de vista; un método para enfrentar sentimientos internos represados y puedas iniciar cambios para obtener una mejor calidad de vida emocional, espiritual y material.

En la segunda parte, encontrarás guías de ayuda; cambiaras lo que desees en ti y emergerá el nuevo ser que habita en tu interior.

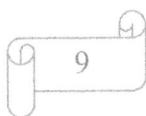

En la tercera parte son guías para comprender los sentimientos y desavenencias que se presentan en la relación de pareja y así conseguir un equilibrio.

He dedicado la mayor parte de mi vida a la lectura, que para mí fue un maravilloso trampolín al aprendizaje. He efectuado estudios en las llamadas medicinas no tradicionales, como son: Pranic Healing, Advanced Pranic Healing, Pranic Psychotherapy, Kriyashakti, Magnified Healing, Esoteric Feng Shui, Reiki, La Sanacion Del Cuerpo Azul, las esencias florales y masajes terapéuticos.

Mi gran aspiración es llevarte a ser una luz y al igual que yo seamos la Luz del Nuevo Mundo.

Preguntas o sugerencias:

info@dharservices.com
Edilma_angel@yahoo.com

Para adquirir este libro visita:
www.dharservices.com, www.amazon.com, www.barnes&noble.com

Libro
I

Por La Vida

Movimiento Yang: Centrípeta; concentración, condensación, materialización, carga, calienta.

Movimiento Yin: Centrífuga; dispersión, descarga, limpia, enfría.

Es Un Privilegio

Kalu: *Amor, verdad, belleza, niveles kármicos causales "disolución" de patrones inconscientes perjudiciales, para curar el autoengaño y el rechazo a la realidad.*

Mi intención al escribir es aportar desde mi conocimiento al gran enigma de ser mujer y ayudar a comprender el privilegio de vivir.

¡Nunca es tarde! en serio nunca es tarde, para entender y solucionar pensamientos en error. Ingresaras al camino de excelencia al distinguir situaciones de experiencias de vida. Bajo el derecho inalienable de ser merecedora y reconocida por tus méritos y valentía. Por ser quien eres, porque eres parte fundamental e importante en la creación y evolución de la raza humana, por esto y por mucho más, tienes el derecho a vivir dignamente y en igualdad de condiciones con el género masculino.

El primer enemigo al que se requiere afrontar y despojar de su cúspide de terror es el cáncer; por la creencia que se tiene que es invencible; cosa que no es cierta, cualquier ser humano lo puede enfrentar y vencer. Conocerás las posibles causas y con el conocimiento que pongo aquí estoy segura que no llegará.

Existen recuperaciones asombrosas que la ciencia no tienen explicación. Porque simplemente son milagros. ¡Mereces milagros!, ¡Claro que sí!

Hasta este momento han pasado dos siglos y no han encontrado ninguna medicina, tratamiento o cura que lo contrarreste.

Alrededor del mundo se encuentran complejos y sofisticados laboratorios con lo mejor de la tecnología científica, adelantos quirúrgicos. Por años químicos, científicos, médicos con especializaciones y maestrías; han investigando tratando de encontrar los productos apropiados y reconocer las sintomatologías de cada uno.

Lamentablemente lo que han encontrado son las mil y una maneras de mutilar el cuerpo "no la cura de la enfermedad". El cuerpo es tratado como ropa vieja de quitar y poner.

¿Cuando aparece? La carga psicológica se agranda en los pacientes y sus familias; y para colmo le señalan al paciente cuantos días le quedan de vida. No se dan cuenta que dictan una sentencia de muerte, ellos determinan el tiempo y le dan al paciente una carga directa y fulminante de agonía y tristeza. Pasan por alto el derecho a vivir que tiene cada ser humano. ¡No! -¡no lo creas por favor! -¡los días son tuyos, tu vida es tuya de nadie más! Tú tienes el poder de dar la contraorden. Pide la vida... ¡Escoge Vivir!

Hare un análisis rápido de cómo las grandes corporaciones farmacéuticas experimentan; Cada vez salen procedimientos más sofisticados e imposibles de pagar. Ellos manejan el pensamiento temeroso de millones de personas, les generan un sin fin de información aparentemente bien intencionadas, las cuales pasan por comerciales, noticieros, periódicos y magazines populares, donde describen por ejemplo cuales son los alimentos más dañinos para el cuerpo humano y, por supuesto que no se deben comer. Así promueven y crean una cadena intangible de terror; son leídas o vistas por millones de personas causándoles mayor desconcierto, miedo y sufrimiento.

Las compañías farmacéuticas; atrapan la atención encontrando culpables externos. Inician una buena campaña para impulsar el consumo de determinado producto. No es mi deseo entrar en polémicas, ni desconocer a los científicos estudiosos que cuentan con años de experimentos... ¿donde están los resultados? Espero que un día entren en conciencia y trabajen en bien de la humanidad y no de la empresa privada o para sus propios beneficios.

Ahora imagina lo siguiente: en un centro de investigación iniciaran un estudio, llámalo estudio X; por lo cual se reúnen varias personas o científicos PIENSAN sobre el tema a tratar, cuando lo encuentran y les parece interesante; le dan vida CREEN en el resultado que obtendrán; enseguida lo ESCRIBEN y luego toman la ACCIÓN para encontrar al grupo específico de personas que estudiaran. Por ejemplo escogen el tema de la lactancia. Los científicos hacen un estudio sobre las mujeres que se encuentran lactando. Este estudio X «por llamarlo de algún modo»; Los de este estudio ficticio, creen que la mujer que lacta al bebé no genera ningún tipo de enfermedad. Quieren probar que aquellas que no lactan a sus bebes, si generaran un tipo especifico de enfermedad. Como vez es una SENTENCIA anticipada, luego determinan las edades a ser estudiadas, las condiciones sociales, las razas etc. Programan el TIEMPO que va a durar el estudio. INICIAN el estudio con mil mujeres que dan lactancia y con mil que no. Empiezan el conteo de los dos grupos, ¿qué hizo este grupo en específico? y ¿qué no hizo este otro? de acuerdo al conteo en el tiempo de estudio, LLEGA el resultado que ratifica su idea original y por ende es la verdad para ellos. Salen jubilosos explicando que sus pensamientos y sus estudios fueron reales, porque tienen la comprobación con los datos estadísticos de... bla, bla, bla.

La información empieza su camino con grandes titulares. Así pasa sucesivamente con todos los estudios que hacen. Siguen las pautas del pensamiento que generaron, diseñaron y pusieron a prueba para que diera un resultado. Orientaron sus pensamientos y enfoque hasta que sucedió.

En tiempos anteriores no se sabía sobre la física quántica, hoy en día se sabe del potencial que ésta tiene. Aplican la física quántica, saben que pueden dirigir el resultado final de cualquier prueba. Ellos lo hacen para un propósito, usan sus redes neuronales creando potenciales para lograr un fin. Un físico quántico que entiende de moléculas y electrones; lo explicara mejor.

Este poder existe; está en las redes neuronales del cerebro; es parte esencial de la raza humana. Ellos, los científicos ya saben cómo crear la realidad que desean. Lo que no han explicado ni puesto en grandes titulares, ni puesto al servicio de la humanidad es que cada ser humano puede hacer que le sucedan determinados resultados. En las casas y escuelas se debería enseñar cómo aplicar este concepto. Por esto es importante obtener conocimiento para ponerlo al servicio de sus propias vidas y aplicarlo a tus deseos, más adelante lo explicare.

Siguiendo con el tema muchos estudios se han hecho y pocos relacionan los sentimientos acumulados de sufrimiento, la no aceptación de sí mismo, la inseguridad y la ansiedad que conlleva a la persona a buscar refugio en el vicio, ya sea de estupefacientes, alcohol, cigarrillo. Se han preguntado ¿Por qué fuman?, ¿qué esconde cada vez que expelen el humo del cigarrillo? Existe tanta desconfianza, tristeza, miedo, desconsuelo y soledad en la persona, Que todas estas actitudes son la causa que origina la enfermedad.

Si investigaran a fondo los sentimientos internos que no manifiestan los enfermos ¿Qué pensamientos recurrentes tienen en sus mentes?, y se tomaran el tiempo para preguntar ¿qué te sucedió?, ¿qué dificultades tienes?, ¿te ha sucedido algo grave, últimamente?, ¿que no aceptas de tu cuerpo?, ¿qué sentías al mirar tu cuerpo?, ¿qué piensas de ti mismo? Detrás de cada enfermedad, encontraran una historia personal de dolor y profundo desconsuelo.

Creo que se debe hacer énfasis sobre los sentimientos guardados y estancados de cada paciente. Ayudarlos a reconocer lo que llevan dentro de sí, ayudarlos a liberar sus miedos y angustias, enseñándoles a comprender porque están coexistiendo con sus familias y el entorno que los rodea; que existe algo más grandioso en ellos y que son parte fundamental del universo, no aferrados a una superveniencia. Luego retomaremos la importancia de vivir en conciencia para seguir el camino deseado.

Voy a desviarme ligeramente para describir ciertos enemigos ocultos. Pregunta crees que: ¿Estás inmersa en una sociedad de consumo? Creo que sí. A quienes realmente controlan todo. Los llamaré "ENEMIGOS OCULTOS -NO ESCONDIDOS".

Televidente-Sujeto

Java: Verdad, realidad, ver: rasga el velo de ilusiones creado por los condicionamientos mentales y creencias. Así "veremos las cosas como son" y no como lo creemos, para actuar en función del momento y no de las reacciones aprendidas o condicionadas. Para poner en marcha los propios planes.

La mayoría de las personas que son adictos o pasan tiempo frente a la pantalla del televisor, cine, videojuegos o Internet. Están cediendo su derecho a soñar, su derecho a la libertad, la entregan su vida a las grandes corporaciones que manejan sus mentes. Las compañías pertenecen a familias influyentes, las cuales diversifican sus productos y manejan la economía global enriqueciéndose de manera sistemática; Se aprovechan y lentamente te guían como conejillo de laboratorio.

Han creando una realidad ficticia. No tienes tiempo para interiorizar con tu ser, con tu familia, para pensar, para descansar; ellos te dirigen y crean tus pautas de vida.

¿Cómo lo hacen? Inconscientemente te crean necesidades y enfermedades. En forma sutil, te tienen bajo control, es más te tienen preso y muy juicioso en casa sentado frente a una pantalla. No te das tiempo de comer correctamente. Las corporaciones solamente te ofrecen más productos para distraer tu mente con nuevos programas de televisión, videos, concursos, deportes, noticieros, películas y novelas donde te vez reflejada, sufres y lloras a la par de los protagonistas, sin darte cuenta eres un "objeto-sujeto" controlado. Has cedido tu derecho de pensar; pasas largas horas lelo con la mirada fija en la pantalla "en estado hipnótico" esa es la forma como pueden trabajar libremente en tu subconsciente.

Ellos ponen a tu disposición visual toda una gama de programación y por este medio, dictan lo qué debes comer, vestir, qué imagen debes tener. Crean ídolos a su conveniencia; ¡Los famosos! De forma consciente los enalteces e imitas sus peinados, sus ropas, etc. Pierdes tu propia identidad no eres el creador de tu propia existencia. Por ejemplo andas pendiente de la vida de Bratt y Angelina o las súper estrellas del deporte, los famosos; sufres por ellos y ríes por ellos. Son la comidilla de cada día, por supuesto los famosos no se percatan o no lo quieren hacer, ellos entran a la carrera luchando para sostener su imagen y sus millones; manejan mucho stress y angustia, algunos se desbocan; otros se van al libertinaje, jugando con cambios de parejas, practicando sexo desmedidamente, consumiendo drogas, practicando deportes arriesgados, poniendo sus vidas al filo de la navaja, todo para llamar la atención, los divorcios y escándalos van de la mano, crean matrimonios disfuncionales, hijos inestables y pierden su auto estima.

Llegan al alcoholismo «que es el invitado de honor, la adicción aceptada por el mundo». Pierden su privacidad no tienen vida propia, son retratados y perseguidos por los paparazis, sus caras salen en grandes titulares mostrando su decadencia, crean dolor y traumas en sus vidas, no se dan cuenta que son creados y destruidos por la televisión, prensa y las revistas de farándula. Los suben y bajan de acuerdo a la decisión de los que llevan el control, algunas estrellas mueren solas, enfermas, siendo guiñapos humanos y para colmo sin un centavo.

Otras que han logrado surgir por sus propios méritos o porque un suceso les cambió la vida; han tomado sentido propio y saben del valor que representan en sí mismos y son ellos los que se dedican a hacer obras, a ayudar a seres indefensos, a unificar al mundo con sus canciones, prestan su nombre a causas o ayudan en ellas - gesto muy loable. Mis felicitaciones, quisiera que todos ayudaran en causas humanitarias, haciendo entre todos un mundo mejor.

Estas corporaciones poseen el conocimiento y saben las necesidades de las personas, basados en estudios y encuestas, así, tejen tu vida. Evitan que la gente piense porque si pensaran se darán cuenta que pueden manejar de manera asertiva sus vidas y descubrirían lo ilimitado de su propio poder. Te aseguro que ¡Otro sería el mundo!

Las compañías tienen el capital y cuentan con los medios para dominarte, detrás de esas necesidades creadas está la intención de tener dormida a la humanidad, no quieren que despiertes, que pienses. Ellos los dueños de las grandes corporaciones, venden la idea a las clases bajas que el dinero corrompe; afianzando las doctrinas de las iglesias, "el pobre entrará al reino de los cielos" Lo han divulgado por siglos y quienes hablan de pobreza son los más opulentos del planeta ejemplo "El papa y su élite", si observas donde la iglesia católica está presente; se encuentran los países más pobres de este planeta.

El dinero no es el culpable, el dinero solo afianza las actitudes de las gentes. Si eres generoso te volverás más generoso, si eres tacaño atesorarás más y más. Con conocimiento y sabiendo como cambiar circunstancias en tu vida, tu vida mejorara por ahora otros se están beneficiando.

Miremos unas pocas corporaciones y como se han apropiando de los sectores fuertes de la economía mundial.

El gremio de los Petroleros afecta el medio ambiente; crean desbalance en el delicado equilibrio ambiental, destruyendo la vida en su entorno, con la extracción de petróleo, succionan la sangre de nuestra tierra, son los mayores responsables de cómo anda la economía y el mundo actualmente.

Asimismo, la minería con el uso inadecuado de químicos que usan para la sustracción de minerales, perforan las capas y la vida que se encuentra en ella, utilizan químicos elaborados a base del petróleo.

La industria de los alimentos; tienen en el mercado comestibles altamente dañinos para el ser humano «tóxicos provenientes del petróleo» contienen gran variedad de químicos que utilizan para preservar los alimentos; muy poco les interesa si las personas se nutren o si las matan poco a poco. Existe todo tipo de comida rápida, no hay tiempo de cocinar ni sembrar la tierra.

Lo mismo pasa con todas las clases de bebidas; leches, refrescos populares, bebidas energéticas, alcohólicas, para bajar de peso. Inducen a odiar tu cuerpo, llevándote por infinidad de dietas; dietas bajas de azúcar, de grasa, de colesterol, etc. minan y dominan tu personalidad.

Qué decir de la publicidad, pagadas por las grandes corporaciones; cada comercial es utilizado como chip de información que va directo al subconsciente, cada 3 minutos o menos en cortes de programas, estimulan toda gama de sintomatologías y enfermedades con medicamentos, bebidas, o cualquier cosa que se les ocurra vender.

Ordenan subconscientemente que tipo de carro usaras, la ropa que usaras, los objetos que poseerás, los seguros y pólizas que tomaras, etc., etc.

Miremos la banca y su sistema monetario. Estas corporaciones son las que supuestamente hacen más eficiente la economía, con la emisión de billetes y monedas que valen supuestamente su peso en oro; «ellos determinan el valor». Es moneda estampada en un papel, cuando les dé la gana puede quedar totalmente devaluada y ¿tú?, sin un céntimo, ni ahorros y todas tus esperanzas de tener una vejez digna se va a la basura. Y ni hablar de las famosas tarjetas de crédito; que abre a un mundo de posibilidades, te muestran lindos destinos turísticos, el lujo y el glamur.

Por supuesto es la vida que todo ser humano desea; abren tu imaginación a la necesidad de poseer y para obtenerlo... te endeudas – Los altos intereses y los intereses de los intereses, más cargos de manejo, etc. A través de las tarjetas de crédito y débito, manejan y crean dependencia financiera. Las tarjetas de crédito que dan a los jovencitos, para ponerles todo asequible, les aprueban tarjetas sin respaldo económico. ¿Y con qué pagan? No pueden o sus padres les ayuden, algunos dejan sus estudios para trabajar. Las corporaciones esperan que tengan problemas financieros para cobrar intereses más altos y explotarlos en su tiempo de mayor producción y cuando están en su mejor momento de carrera. «Que jugada- bueno eso pasa en Estados Unidos y en otros países» En fin te invitan a soñar -endeudándote.

Nota: Hago una aclaración - ¡TE MERECES UNA CLASE DE VIDA FABULOSA!, -no a cargo de las tarjetas de crédito-, al terminar de leer este libro podrás obtener lo que se te antoje a tu manera.

Volviendo sobre los comerciales, éstos son pasados una y otra vez durante las 24 horas, los escuchas en todos los medios de comunicación, en vallas publicitarias, en plegables etc. Subyugan tu mente y la dirigen. Si estás enferma ¿a dónde vas corriendo? al médico, al hospital o la farmacia. La medicina con sus farmacéuticas, laboratorios y hospitales es un monstruo silencioso que crece a costa de tu propia vida.

Por medios de publicidad dictan la moda, sistema de vida, imponen políticos o los derrumban, crean caos y guerras. Manejan a millones de conejillos de indias, además, no les pagan nada, al contrario tu les pagas a ellos y ellos atentan contra ti y los tuyos, engordas a las aseguradoras, las cuales se han proliferado como el cáncer, crean y crean seguros y seguros sobre seguros, todos basados en tus miedos y ayudan generosamente al lavado de cerebro.

¿Sabes cuántos seguros existen? Trabajas para pagar los seguros y las pólizas de vida, ¡qué contradicción!, yo diría que estás sentenciando tu muerte y sabes que las pólizas tienen exclusiones y si no la cubres con algo determinado, da la casualidad que mueres justamente dentro del rango de la exclusión y lo que pagaste, en vez de divertirte no les sirve para nada a tus seres queridos.

Todas las religiones del mundo lo vienen haciendo sistemáticamente; son maestras en manejar el miedo de sus feligreses «muchos dejan de comer con tal de dar el diezmo, enriqueciendo más a estas congregaciones o pastores o como sea que se denominen». Te hago una pregunta ¿sabes cómo viven esos pastores?, ¿dónde pasan sus vacaciones?, ¿qué casas tienen?, ¿qué comen?, ¿qué visten?, ¿qué vicios tienen? Medítalo por favor.

Miremos por ejemplo a los periódicos, revistas y magazines, contratado para mostrar con sus titulares las degradaciones o creaciones de los ¡bum del momento! son medios manejados sin principios éticos, ni información veraz, sino, amarillista. El Internet bien manejado es una ayuda celestial, aunque depende enteramente de la persona y de lo que quiere investigar.

En el mundo del modelaje utilizan el concepto de moda, basados en esbeltez, belleza y juventud; mostrando cuerpos delgadísimos o esqueléticos.

Un simple ejemplo: el uso de los pantalones descaderados, los que dictan la moda no les importa si estos pantalones van deformando poco a poco los cuerpos de las jovencitas. ¿No lo ven o lo están haciendo a propósito? están convirtiendo sus cuerpos en figuras de muchachos, así, las llevan a desconocer su propia identidad de mujer, por favor mamás, jovencitas observen detenidamente como se ven si las miran por la espalda, ¡han perdido su figura de mujer! se ven como la de un chico, no hay curvas pronunciadas, su cintura cambio de lugar o mejor se están creando dos cinturas; una en su lugar natural y la otra sobre las caderas, así, deforman sus cuerpos, solo al mirar sus cara y verles sus senos en formación es cuando se distingue si es mujer o un varón. Parece que nadie lo nota...

Las jovencitas son vistas como objetos a moldear; las vuelven débiles e inseguras son presa fácil de la moda y esclavas de las dietas. Así, poco a poco caen bajo el yugo opresor de las grandes corporaciones. Que no hacen otra cosa que manejar a todos como marionetas les dictan la moda, los accesorios que usan, lo que comen, lo que ven, etc.

Todo es desechable... hasta los carros, juegan con la vida de los jóvenes, así, lo indica el mayor índice de muertes a causa de la velocidad de sus vehículos, la velocidad les da energía y es signo de virilidad. Bueno, es programación; les presentan a modelos varoniles, sugestionan sus mentes y les hacen creer que pueden hacer de todo, los imitan pensando que disfrutan la vida.

El objetivo del mercadeo dirigido y bien logrado es convertirte en un comprador compulsivo. Han creado una conciencia de consumidores derrochadores hasta con tonadita propia «do/re/mi/fa/sol/la/si/ta-ta-ta, jaja jaja» Supuestamente para hacerte fácil tu existencia, te ocupan endeudándote y con menos tiempo para pensar. Formas parte de "objetos–sujetos"; que generan dinero suficiente a costa de sus vidas. – ¿Humm...? Se va la vida en el transcurrir del tiempo...

La tecnología crece a diario, procesos y más tecnología, la triste realidad no se sabe qué hora es, si no tienes un reloj. Ya no sabes dónde queda el norte o el sur, si no se usa un GPS. Es la era moderna, vives en pleno siglo XXI.

Los antepasados poseían una mayor intuición, recuerdo a mi abuelito que mirando la posición del sol, sabía exactamente la hora, pregunta ¿quién ha perdiendo la intuición?, ¿quién es dirigido por máquinas? "EL CUERPO Y LA CAPACIDAD MENTAL ESTÁN DEBILITADOS E INDEFENSOS"

Creo que he explicado a grandes rasgos, como, cada persona es inducida a hacer cosas impulsivamente, "órdenes recibidas en el subconsciente".

Adicionalmente los pensamientos negativos, penas, tristezas, resentimientos, odio y rencor; generan problemas serios, según mi opinión te dañan, son la causa del sentimiento que dispara el químico detonador del cáncer. ¿Porqué existe?, ¿qué es ésta enfermedad?, no hay nada claro, no se conoce su origen, ni qué o cual cosa evitará su aparición.

Cuando llega a tu vida o a un ser querido, la reacción de desconsuelo de miedo y de terror viene acompañada con la caza de un culpable; que si la bebida, que si el cigarro, que si la comida, que si consumes alimentos altos en grasa, que si los aceites, que las alergias «la mayoría creadas por el tipo de comida que ingerimos y por la contaminación del medio ambiente», que las enfermedades, que el stress, que el jefe, que el vecino, que el marido, que la esposa, que el hijo, que el/la amante... etc. Siguen pautas creadas "mejor acusar y culpar a otros. O cosas externas". Te preguntaras ¿Por qué unas personas no lo sufren? Yo creo firmemente que la respuesta está en la actitud de cada uno y lo que se deriva de ella.

Tu Actitud

Shanti: Paz, vivir el presente, sanación del pasado, envía paz a situaciones pasadas, para no angustiarse por el futuro, eliminación de miedos, sentimientos y creencias antiguas que impiden la sanación ahora, para conseguir "el mejor de los resultados posibles" en el desarrollo de una situación o en la materialización.

Lo que dispara el dispositivo de esta enfermedad, que como muerto viviente es despertado; debido a conceptos erróneos que tiene la persona de sí mismo y de la actitud que tiene frente a la vida. El odio es el principal factor detonador que desarrolla esta enfermedad. ¿Sientes odio hacía alguien u otros? Es importante que perdones porque sin el perdón te llevara a la larga a generar odio hacía ti misma; es esta el arma letal que destruye. Es autodestructivo. Y si aparece, te toma por sorpresa y te preguntas -¿por qué a mí? -¿por qué a mí? El victimismo se posesiona de ti... los lamentos y llantos hacen su aparición también y esto hace que sea mucho más agresivo, ¡no! aquí, es donde hay que entrar en conciencia, no es verdad que es sinónimo de muerte. Te invito a verlo como algo con solución, es más te estimulo a que no lo invites a tu vida.

Cada persona tiene su propia historia y por supuesto unas son mejores y otras son peores, todos cargan algún tipo de angustia, miedo, fobia, tristeza, odio, ira, dolor y sufrimiento... Acumulas emociones que cada día consciente o inconscientemente, te van afectando generadas por actitudes y acciones que tomaste en determinados momentos de tu vida, sin pensarlo has cimentado tu propia cárcel y la llevas a cuestas, eres tu propia carcelera, te sacare de allí.

Mi deseo es que obtengas el conocimiento de cómo contrarrestar el cáncer entendiendo que: Lo que existe en tu mente genera los pensamientos que forjan tus sentimientos, tus actitudes, tu personalidad y tu carácter. Al poder conscientemente procesar tus pensamientos puedes cambiar tu sentir, tu actitud, tu personalidad y tu carácter. No aparecerá en tu vida y si aparece lo puedes enfrentar y vencer. Adicionalmente comprenderás el porqué no has conseguido todo lo que anhelas. Tomaras mejores decisiones en base al pensamiento adecuado, cuando puedas finalmente re-direccionar esas actitudes erradas, que no te son beneficiosas.

Para una comprensión más profunda, narraré en forma de secuencia las posibles circunstancias de dolor, angustia y aflicciones por las que pasa un individuo desde el momento mismo de la concepción, el tiempo prenatal, el parto, nacimiento, niñez, pubertad, juventud y tiempos maduros. Etapas del desarrollo donde se generan toda clase de circunstancias y vivencias; dichos eventos contribuyen reforzando ciertas actitudes. ¿Por qué lo narrare de esta forma? pretendo enfrentarte a los hechos. Es como coger los cachos del toro con las dos manos hasta dominarlo. Al confrontarlos perderán la influencia que tenían sobre ti.

La primera recomendación y por favor hazla Toma una hoja de papel o una libreta y escribe en ella palabras claves que aparecerán a medida que vayas leyendo. Con cada palabra clave que escribas vas creando el mapa del dolor, donde podrás identificar sentimientos de culpabilidad, ira, etc., alguna emoción que está encerrada bajo llave; algo que has pasado y nunca te atreviste a expresarlo y aún te perturba al recordarlo. Si registras un suceso que no has pasado en esta existencia, puede ser de otra vida pon atención a la sensación interna que al leer te produce; lo sientes muy real incluso puedes entrar en pánico. Ten calma por favor respira profundo lleva la respiración hasta el estomago para que puedas continuar. – Es importante que al leer estés alerta a los sentimientos guardados es la causa principal de tu sufrimiento actual. Únicamente identifica con cual energía te conectas plenamente.

Puedes poner un signo de + o – según la intensidad del dolor. Al terminar de leer esta primera parte vas a tener una mayor comprensión de las posibles causas que pudieron ponerte como víctima del cáncer, tú ya no ingresaras a esas filas. Con un simple vistazo al mapa del dolor sabrás con exactitud qué actitudes te perturban. Se consciente dirigiendo tus pensamientos para tomar control de tu existencia. Identificaras lo que perturba tu mente. El conocimiento te dará el poder para administrar tu vida y hacer los ajustes necesarios.

Iniciación

Zonar: Infinito o eternidad; memoria celular y genética-energía ancestral, las células portan la memoria de esta y de otras vidas, trabaja con esta memoria celular y libera del karma implicítico.

Empezaré con la CONCEPCIÓN, momento mágico, único y maravilloso en que un hombre y una mujer dan vida a un nuevo ser.

- ¿Eres mayor? puede que no tengas ni idea de lo que paso entre tus padres, puedes sentir que existe algo oculto por la actitud de tu mamá o familiares hacía ti, o por los comentarios que le has escuchado reiteradamente sobre tu padre; indagando encontraras algún dato.

- Si has tenido hijos puedes regresar a ese momento de la concepción y enfrentarte a lo que viviste para poder ver con claridad, porque están afectados tus hijos.

- Si estás pensando en tenerlos, pues esto también te ayudara, no hay nada más maravilloso que planear la llegada de un nuevo ser; basado en el amor y la entrega total en el momento mismo de la unión en pareja.

Aquí surgen varias preguntas.

- ¿Eran ellos - tus padres- conscientes de que estaban engendrando una nueva vida?, ¿tú fuiste deseada, o solo fuiste un "error"?, ¿estaban plenos y felizmente realizados en esta unión?, ¿fue un momento de pasión?, ¿qué pensaban en ese momento?, ¿qué fantasía había en sus mentes? ¿Estaban disfrutando los dos o solo uno?
- Simplemente fuiste concebida en una aventura amorosa de tus padres; y luego no volvieron a saber el uno del otro, ni siquiera sabes si tu padre existe; nunca lo conociste, tu madre se ha negado rotundamente a decir quién es tu padre, tal vez por vergüenza, por odio o por dolor. Creciste sin una identificación paterna has sentido un

gran vacío y por esta razón no te has sentido completa, siempre te ha faltado algo.

- Puede ser que simplemente al que tu llamas papá no es tu padre biológico y tú tienes sospechas sobre esto, no te has atrevido a confirmarlo y la duda te ha perseguido, te causa malestar es un enigma y aunque estás agradecida con este hombre porque te cuido, tú quieres saber todo de tu padre biológico o simplemente lo odias por qué no te amo, y eso ha creado un gran dolor en tu corazón; tú quieres ser tratada con amor y respeto y tal vez la emprendes contra tu padre biológico.

- Naciste de la primera relación que tuvo tu mamá, a la edad de 13 ó 14 años, ella no estaba preparada psicológicamente, era una adolescente; tú sufriste a causa de la inmadurez de ella, de tu padre y, para colmo te hacían sentir culpable por haber nacido, en cada disgusto que tenías con ella/él escuchabas a grito entero como te decía que le habías dañado la vida, que las desgracias era por tu culpa, que nunca te debió tener y que mala suerte la suya, que eras buena para nada, que eras un estorbo. Creciste sintiendo que no valías nada y lo llevas como marca registrada.

- Fuiste concebida bajo los influjos del alcohol o la droga, los cuales por supuesto dejan secuelas psicológicas en los bebés y les deja abonado un camino directo hacía el alcoholismo o la drogadicción.

- Paso lo peor, que fuiste concebida bajo una violación te imaginas ¿qué clase de sentimientos de asco, de dolor, de rabia, venganza y vergüenza albergó tu madre?

- Fuiste concebida in Vitro donde no hubo ninguna fusión cuerpo a cuerpo, no se experimentaron sentimientos de plenitud como es el momento sagrado de la concepción.

- Tal vez alguno de tus padres es portador de alguna enfermedad o del VIH y tú eres portador también sientes que eres una víctima inocente y que mereces otra oportunidad, odias a tus progenitores sientes rabia y desconsuelo por tu vida – o ¿lo has aceptado?

¿Qué carga emocional y psicológica llevas dentro? debes conocer que el ascendente genético de los padres influye en la vida de cada uno; son autopistas marcadas los traes en tus genes, es trascendental tener el conocimiento sobre las cosas que sintió y experimentó tu madre y la influencia de tu padre. Es importante porque pudo ser; que a partir de ese instante se generó ese sentimiento de infelicidad, o actitud de temor ante la vida y por ese "instante", has estado desconectada de tu existencia. Ten el valor de conocer la verdad, te será más fácil entenderlos y entender tus actitudes, para poder corregir sanando desde tu interior los miedos y angustias hasta que puedas perdonar a los implicados, toda tu conciencia cambiara aprenderás que no existe nada que no puedas cambiar.

Sigamos, lo maravilloso de la vida y la grandeza de toda mujer es ser madre y muchas darán su vida a cambio de la vida de sus hijos. ¿Qué paso después del instante de la concepción?, ¿qué sentimientos arrastro mamá?, ¿qué vivió?, ¿qué sintió durante los nueve meses de gestación?

- ¿Qué dolor y sentimientos sintió cuando naciste prematuramente, ¿ante que problemas se enfrento? criar a una criatura tan indefensa es algo agotador y traumático.

- ¿Cómo experimentó el cambio de apariencia en su cuerpo?, ¿Perdió su figura cuando naciste? Este es uno de los principales problemas que experimenta la gran mayoría de las mujeres, le dan tal importancia a su figura, que han vivido sujetas a su cuerpo; es el amo y señor la moda así lo impone. ¿Te imaginas qué pensó y sintió? Debido al aumento del vientre mes a mes y debido a todos los cambios físicos, hormonales y psicológicos, sumado a los trastornos y las nauseas típicas de esa época, los antojos, el aumento de peso, las manchas en la cara, la doble papada, la inflamación de sus piernas y las estrías en el abdomen.

- ¿Te has preguntado que sucedió durante estos meses?, ¿a qué tipo de problemas o emociones estuvo enfrentada?, ¿qué pasajes de la vida la envolvieron?, ¿Cuál emoción guardo?

- Sintió una indescriptible alegría por la nueva vida que llevaba en su vientre, o hubo preocupación de... ¿nacerá normal o no?

- ¿Fue manipulado este embarazo para atrapar a tu padre?, ¿fue golpeada?, o ¿maltratada verbal y psicológicamente? ¿Fue agredida sexualmente? o ¿estos procedían de sus padres o su esposo?

- ¿Cuántas noches intranquilas pasó? algo tan simple como no poder acomodar el vientre ¡vaya que pesabas! Ella tenía sobrepeso y tú no presentabas un desarrollo normal. Recuerda ¿son nueve meses de gestación?

- ¿Qué tanto stress acumuló? porque no tenía recursos económicos ¿cómo vivió?

- Quien te engendró no quiso reconocer su responsabilidad ya sea porque tenía esposa, la dejó sola, la abandono por otra o quedó viuda.

- Quizás en tu caso tu padre prestaba servicio militar o era policía y se fue a la guerra, o vivían en una ciudad violenta y ella no sabía si él regresaría, que tu padre fue secuestrado y tú estabas en el vientre y jamás lo has conocido. ¿Sabes qué sentía al estar sola?, ¿sabes cómo es vivir con el corazón en vilo?

- Tu mamá fue "mamá soltera" y no pudo seguir trabajando por ser un embarazo delicado, o simplemente fue despedida por el obstáculo que representaba tu gestación.

- Imagina el dolor que sintió, que, aún siente y sufre por la muerte de su mejor amiga, de su hermana, un familiar muy allegado y muy querido, o algo tan doloroso como la muerte de su amado esposo, de su hijo, de sus padres, tu madre. Nunca se ha podido recuperar; se siente culpable por no haberles dado más amor y más de su tiempo por no haberlos comprendido, por las tantas peleas, amargos y angustiosos momentos que les hizo pasar; la culpa la consume.

- Fue traicionada por su propia madre, prima, hermana que se sustrajeron a su esposo ¿qué sintió?, ¿qué dolor la dejo consumida en profunda pena y amargura? o ¿qué experimentó al descubrir que él le fue infiel?, sabes la infidelidad de la pareja consume a las mujeres y las lleva a la muerte.

- Ahora imagina lo que pensó tu mamá para darte en adopción. Qué gran sufrimiento pasó esa mujer para tomar tal decisión, que miedo fue tan grande como para desprenderse de su propia hija y así creciste sola sin ningún patrón de vida familiar, te tocó duro para salir adelante.

Innumerables problemas tensionan y se van acumulando a lo largo de estos meses, cosas de menor importancia que también afectan.

- Como el manejo del tiempo para ir al médico, para hacer las compras, recoger a alguien, no tener la cena lista, que no encontró en que transportarse y estuvo varias horas bajo la lluvia o el calor del sol sofocante, que se dañó el carro, se enfermó la mascota.
- Algo aparentemente simple, lo que sentía al ver las telenovelas, lloraba por las vivencias de los protagonistas identificándose plenamente con ellos.
- El pánico y dolor que sentía al ver los noticieros con titulares sobre muertes, suicidio, asesinatos, secuestros, estafas y tanto político corrupto, que poco a poco afianzaron su creencia de no confiar en nadie, para colmo todos los

noticieros muestran lo mismo con ligeras o mínimas noticias positivas.

- Qué horror vivió y vio ella día tras día; que dolor, melancolía, tristeza, angustia, rabia, la llevaron a ser paranoica. Sin darse cuenta se volvió adicta viendo el sufrimiento ajeno. Llora y sufre identificándose con el dolor por unos momentos y luego se alegra al razonar que vive mejor que ellos y exclamar: ¡pobrecitos! quiera Dios que yo no tengas que pasar por esos problemas y desastres.

- Ella puede ser del tipo de persona que se levanta y lo primero que hace es prender el TV para ver el noticiero, lo mismo al medio día, en la noche y antes de acostarte para estar bien informada. No se da cuenta que está perdiendo ciento por ciento la sensibilidad y está ahondando más en la separación de unos a otros.

Cada energía que mamá registra durante el embarazo ya sea de dolor, alegría y resentimientos, mas las medicinas, las bebidas, las drogas. Es una cadena que desarrolla actitudes erradas. Trata de observar en tu caso que clase de información y sentimientos te trasmitieron como carga emocional y cuáles de ellos pasaste a tus hijos. ¿Pregúntate por favor? son nueve meses y en ese lapso ocurren muchas cosas...

Sigamos adelante viene el PARTO. ¡Oh! momento sublime estás viva has podido nacer eres una triunfadora.

- Mamá está deprimida se siente mal, ¿su parto?; cesárea su barriga ha sido abierta y nunca más volverá a ser la misma.

- Fue natural; aunque el cuerpo de mamá ha cambiado, los senos se han agrandado y para colmo cada vez que succionabas sus pezones para recibir tu alimento, ella lloraba del dolor sus pezones desgarrados y sangrantes y sus mamas estaban a reventar de leche, fue doloroso muy doloroso, ¿te pasó ese sentimiento de angustia, de dolor? o no pudo amamantarte, no pudo darte los primeros nutrientes naturales, prefirió usar el tetero antes de someterse a ese dolor.

- Algunas mujeres no producen leche están tan secas, tan delgadas, por sus tantas dietas para mantener su figura esbelta, permanecen casi esqueléticas.

- Algunas no notan que sus cuerpos se deforman, se asimilan a una forma fetal - sus espaldas se anchan y se doblan y sus caderas se estrechan y se enjutan - algo para pensar y por supuesto sus embarazos son más delicados y el bebe recibe una malnutrición.

- Imagínate ¿qué pudo sentir tu madre al enterarse que habías nacido enferma?, o ¿qué sintió cuando le informaron que naciste con una malformación? a causa de esta anomalía no has podido tener un desarrollo "normal"; o por una operación o accidente, has estado impedida físicamente; aunque con todas tus capacidades mentales; haciendo uso de ésta te has convertido en el verdugo de tu familia, porque no has aprendido a aceptarte.

Bueno las madres pueden de alguna manera sobrepasar todo, hay algo a lo cual muy pocas mujeres o ninguna se puede acostumbrar y es ver que su cuerpo ha cambiado y que nunca volverá a ser igual, no importa si has sido feliz o infeliz, aquí no hay distinción –el cuerpo de mamá o el tuyo si ya eres madre-, nunca volverá a ser igual. Es una tragedia para la mayoría de las mujeres que no soportan observar su nueva imagen en el espejo.

- Rechazan y odian su imagen y hasta se sacan la lengua y se gesticulan o maldicen los gordos, las arrugas, la barriga, la cicatriz, el lunar, las nalgas, la papada; añoran volver a obtener su fina cintura y su bello cuerpo, y si antes no se sentían seguras porque no tenían una buena figura, ahora con mayor énfasis ven los defectos más acentuados.
- Si están casadas se obligan a estar en forma para el esposo «no lo quieren perder», hacen lo indecible para volver a estar en forma con comidas y dietas que debilitan su imagen.
- Si, tienen más hijos se quintuplican para llevar a cabo todas las tareas y cada vez que se miran al espejo; ven esa nueva mujer casi deforme por la hinchazón de los senos.
- Fue cesárea y la herida tarda en sanar, eso no es todo a partir de ese momento cada día de sus vidas van a ver esa cicatriz; la odiarán y por consiguiente se odiarán a si mismas «simplemente

no se soportan, no pueden ni siquiera versen reflejadas».

¡Claro! los bebés traen alegría, son una bendición, son adorables, cada vez que sonríen, cada instante de su crecimiento, son todo un mundo a descubrir. La mujer se dedica a este nuevo ser que es tan indefenso tan bello y además es su hijo y esto sirve de catalizador para encontrar un consuelo.

Lo que quiero mostrar es como poco a poco se van disparando sentimientos y actitudes que acumulan y con el transcurrir del tiempo, las puede llevar directamente a generar el síndrome del cáncer. Cada mujer envuelve sus emociones; las deja en un oscuro rincón, sin olvidarlas.

- Enumera tus quehaceres diarios. ¿Trabajas? Pon todo lo que haces en tu puesto de trabajo, mas la ayuda a tu comunidad, a tus amigas y familiares. Haces alcanzar el tiempo, de alguna manera no puedes dejar a un lado nada: limpias el piso, barres la casa, quitas el polvo, lavas y planchas la ropa, friegas los platos, haces de comer todos los días de la semana, planeas las vacaciones, estás pendiente del estudio de los chicos, de llevarlos al médico, al dentista, peluquero, al gimnasio, a casa de los amigos, haces el mercado, pagas las cuentas, planeas fiestas de cumpleaños, los aniversarios, las bodas de tus amigas; ayudas lo que puedes en los funerales, re-decoras la casa, cortas el césped y haces arreglos locativos.

¿Eres magnifica? ¡Sí! puede que tu esposo sea un ser maravilloso que da lo mejor de él, a ti, a tus hijos, y ayuda en casa, pero, si no te ayuda en ninguna de éstas cosas y hace unas pocas o ninguna ¿A quién le corresponde hacer el otro porcentaje? Pues a ti... solo te acoplas, almacenas stress, cansancio, desgana y mal humor. ¡Humm! entonces súmate puntos en negativo porque esto te lleva a un exceso y acumulación de cansancio. No eres feliz y por el famoso auto castigo, no cuidas tu cuerpo, ni te amas, lo crucial de esto es que te lleva a convertirte en una víctima; demandaras más amor y compañía, si no recibes nada en retribución, puedes entrar en depresión descargando la irritación contra ti misma.

Muchas mujeres sufren de depresión post parto. Viven momentos de verdadero dolor y soledad. No se aceptan así mismas, no soportan los cambios hormonales y físicos, hasta atentan contra sus bebés y sus vidas. Creo que con el cansancio físico y psicológico que acumulan más la medicina que les suministran pierden la noción de la realidad. «Los sanatorios y clínicas para discapacitados mentales – lo confirma»

Volvamos a la etapa de la NIÑEZ, probablemente fuiste rodeada de todo tipo de felicidad, amor, buen trato, y con muchos juguetes, felicitaciones amiga.

- Tal vez viviste en carencia, fuiste maltratada psicológica, verbal y físicamente. Eres parte de los muchos niños del mundo que son abusados sexualmente por adultos de mentes enfermas, generalmente personas allegadas o familiares. Una historia que no debe existir. Luego es publicado como cualquier noticia haciendo que el público en general se vuelva más insensible a esta problemática. La desmedida publicidad contribuye a los deseos insanos de esas mentes enfermas, se necesita restaurar un equilibrio.

- Lamentablemente has sido víctima de este tipo de violencia; esto ha hecho que generes sentimientos nocivos hacía ti misma, te sientes asqueada, no te sientes limpia... no le cuentas a nadie ocultando tus sentimientos de dolor, frustración. El odio se agranda dentro de ti y maldices rechazando al género masculino en general. Te vuelves una niña problema, sientes la necesidad de ser castigada; por lo tanto te atragantas de comida, quieres vengarte de tu cuerpo: tu cuerpo recibe la rabia y lo inhabilitas no quieres que nadie te vuelva ni a mirar. Te han robado tu amor propio y tu autoestima ésta ciertamente estropeada; no te sientes digna de nada te han cambiado radicalmente tu época de juegos, manchándote y cargándote por siempre de suciedad emocional.

- Existen en algunas sociedades todavía niñas que son entregadas por sus propios padres como dote, o son robadas las desaparecen y venden; puestas a disposición de un burdel encerradas en jaulas solo para satisfacer esas mentes enfermas.

¡Humm! ¡Oh por favor! estos niños y niñas son parte de la raza humana son tus hermanos y hermanas, ¿cuándo dejaras la indiferencia? El cuerpo no tiene ninguna culpa, son esas fantasías creadas por mentes insanas.

- Tal vez fuiste hija única súper protegida y vigilada, tanto que tu existencia fue casi como una cárcel, por el mismo amor que profesaban. Añoraste tener un hermano con quien compartir tu juegos.
- Que pasaste tu tiempo interna en un colegio católicos donde las misas y rosarios eran la orden del día, más la clase de religión. Saliste hastiada de tanto rosario y oraciones, con ganas de vivir tu vida. Conociste a monjas y sacerdotes que tal vez algún día comenzaron con amor su devoción a Dios; pero la perdieron, viste como ejecutaban los ritos sin emoción alguna, sin sentimientos. Fanáticos de sus mismos rituales.

Así manejan hábil y psicológicamente a millones de seres humanos inculcándole el temor a Dios, inyectando en todos los niveles psicológicos la esencia de pecadores, creando culpables con un profundo temor a la muerte. Poniéndose ellos como la única salvación y la única fuente para poder llegar a Dios. ¡Qué pena tan grande, que lástima que no acepten con humildad que todos son/somos la misma unidad – UNA UNIDAD EN DIOS! - Ellos han contribuido a la división del ser humano, por poner a Dios afuera del alcance de si mismos, lo hicieron inalcanzable. Ellos han contribuido a las guerras, las divisiones y a los odios, en fin... me desvié del tema, mas adelante lo aclararé con más detalle.

- Sigamos: fuiste la mayor y criaste a tus hermanos y a tu madre enferma.
- Tu familia fue muy pobre; trabajaste desde pequeña.

  Que un familiar te crió y te hizo su sirviente sin que tú recibieras pago alguno... te hacían un favor según lo que decían y tu notabas abiertamente la actitud de desgano hacia ti y la benevolencia hacía sus hijos, y para colmo, si alguno hacía alguna diablura - tú eras ¡la culpable! Ya sea porque lo hiciste o porque no tuviste cuidado, o porque simplemente era más fácil para ellos tener a alguien a quien castigar y desgalgar sus rabias o, solo para darle un escarmiento a sus hijos porque la próxima vez ellos serían los castigados. Ocasión que nunca llegó.

- Qué decir de las navidades, todo lo mejor para ellos y para ti ¿nada? creando en tu corazón desamparo y soledad, una tristeza infinita y resentimiento hacía esos adultos que humillaban tu dignidad y decían a boca llena que eras la recogida de uno de sus parientes pobres, ¡qué pena! que hayas pasado por esta situación; los beneficiados fueron ellos explotándote.

- Así; es como a desamparados niños los explotan, sin que su familia reciba ni un céntimo ¡Los utilizan! Crean gente infeliz y amargada, llena de resentimientos hacía la vida, o, hacía Dios culpándolo porque no les dio otro estilo de vida. Se odian tanto a sí mismos que a veces no saben hacía dónde dirigir esos sentimientos.

Puedes ser parte de una historia diferente y pasaste a ser parte integral de esa familia. ¡Buena suerte la tuya!

- viviste lejos de los tuyos, eso te marcó y dejó huellas de soledad profunda.
- Tus abuelos fueron quienes te criaron y por su edad, su forma de ser y lo que les enseñaron a ellos; jamás te permitieron que fueras a una escuela, no recibiste ninguna educación, al contrario, recibiste golpes y malas palabras tales: mugrienta, hija de p..., buena para nada, mocosa, malcriada, ignorante. Contaminaron tu inocencia y autoestima maltratada se agudizo.
- Fuiste adoptada y no aceptada plenamente por los familiares de tus padres adoptivos, nunca te sentiste identificada con esa familia, te sentías como bicho raro. Cuantas noches pensaste preguntando ¿porqué no te aman? Por esta razón albergas sentimientos de frustración hacía tus padres biológicos, añoras conocerlos algún día para decirles tu sentir.
- Fuiste abandonada y creciste en un hospicio. ¿Qué clase de vida se vive allí? ¡Carencias de todo tipo por supuesto!

monjas bien intencionadas... te hacían bañar a las cinco de la mañana con agua fría y luego fregar el orfanato, te rotaban en oficios varios, si te equivocabas o hacías alguna diablura los castigos llegaban muy puntuales... te llevaban a confesar tus pecados y si no tenías... había que inventarlos, los castigos podían ser de varias horas rezando, y como no tenías padres, muchas veces recibiste castigos físicos, nadie iba a interceder por ti. Valías menos que un centavo, es más te hacían un favor.

- De la ropa ni hablar, toda de segunda mano, la cual tenías que zurcir y obligar a tu cuerpo a entrar en tallas pequeñas o en las demasiado grandes... parecías una anima en pena... ¿de Juguetes? nada, ¿comida? ni hablar.

- Así creciste con la falta de amor total, no tuviste quien te abrazara o arrullara entre sus brazos...

- Tu padre no fue cariñoso, ni estuvo pendiente de ti, siempre fuiste como una carga, una molestia «él quería a un hijo varón», o es tu padrastro y no te soporta. Y qué decir de tus familiares cercanos, inclusive tus propios padres.

- Creciste oyéndoles decir, ¡cuidado que vas a caerte y te rompes una pata ¡LA SENTENCIA! Y bueno te caías ¡EL RESULTADO! la pierna dislocada y para colmo recibías un golpe por no haber escuchado la advertencia ¡EL CASTIGO! para que aprendas a hacer caso ¡APRENDIZAJE FORZADO! y ese ¡cuidado! con que me rompas esa... cualquier cosa, o ¡cuidado!... Con subirte o bajarte o con malograr esto o aquello o todo.

Todas estas cosas hicieron de ti una niña INSEGURA y llena de MIEDO frente a la vida. Dejaron huellas en ti; eres una sobreviviente y te acoplabas y te acoplas... ¿a qué? a cualquier situación por supuesto; no podías hacer nada, eras tan indefensa y tan frágil.

En el centro de tu ser ¡tu alma! llevas un libro que registra todos los sucesos que has pasado, van quedando como mapas, son marcas guardadas... ¿Qué podías hacer? Tenías que sobrevivir.

Cuando los jóvenes llegan a adultos los mismos padres se lamentan, lloran, se preguntan y no saben la respuesta. ¿Por qué su hija(o) es tan desgraciada(o)?, ¿por qué es tan insegura(o)?, ¿por qué es tan miedosa(o)? Se atreven a decir que parece que no fuera hija de ellos, se ponen como ejemplo: ¡ellos que han logrado con gran tesón y esfuerzo ser gente de bien! Que ellos te educaron muy bien. ¿Quién moldeó a esa mujer u hombre inseguro? ¡Humm! ¿Quién los creó? ¡Ellos! Los mismos padres por supuesto y sus familiares cercanos.

Los niños en cautiverio

También puedes ser parte de la historia de los niños que han nacido en cautiverio. Esta es una parte de la historia de las mujeres que se encuentran en cárceles. Por ejemplo en Colombia hay prisioneras que se les sindica de haber cometido un delito y están en "espera de una condena" que puede durar meses o años, sin que se conozca el veredicto final. O están pagando una condena de 10, 15, 20 años. ¡Muchas son inocentes!

Allí naciste con tu madre traumada por los conflictos de su vida, por estar pagando algo que hizo o por confiar en otros, por conseguir un poco dinero, era tan fácil que no midió las consecuencias, o, por estar en el lugar y hora inadecuada, porque confió en su hombre, que la uso como escudo, la mandaba con mensajes y justo en alguna redada fue capturada y su hombre, voló, desapareció. No dudaron un minuto en inculparla o amenazarla si llegaba a decir quiénes eran los que la habían mandado, con tal de quedar libres ellos; a la policía no le importa que estén en estado de gestación y sus criaturas nacen allí. Ah! no imaginen que son atendidas como reinas ¡oh no! si el parto es de noche «de noche no hay médicos o enfermeros», pues les toca ahí en sus celdas parir como animales y ser ayudadas por otras reclusas que están llenas de pavor por la situación que están experimentando, en esos momentos cunde el griterío de celda, en celda se escucha llamar a los guardias de turno esperan que hagan algo. Algunos responden otros no, antes les gritan: ese no es mi problema quien las manda tener "chinos" «expresión cariñosa, o desdeñosa, que es usada para referirse a los niños o bebés», esas son las respuestas y otras más soeces o toscas, que se las dejo a su imaginación.

Como la decadencia no toca a todos los seres humanos, nace una unión fraternal de las demás reclusas en torno a ese bebé; se vuelve su juguete, los bebes son tan inocentes que en ellos pueden descargar su amor. Algunas madres, sobre todo aquellas mujeres jóvenes y que son inocentes, no pueden psicológicamente aguantar y entran en estados de shock. Si no es por las demás reclusas esos bebés morirían. A alguien se le ocurrió que no podían separarlos de sus madres y que era mejor tenerlos también como prisioneros. Crearon para ellos un tipo de guardería en uno de los patios dentro de la prisión donde pretenden tenerlos en un medio "adecuado" enseñan a los niños más grandes a hacer bolitas y dibujitos con lápices de colores, les permiten jugar entre ellos «hablo de los hijos de las reclusas» e inician una rutina diaria llevando un registro minucioso. Cada día son contados en la mañana y los llevan al lugar "adecuado", y en la tarde nuevamente son llevados de nuevo a las celdas donde encuentran a sus madres. Los niños son prisioneros inocentes, ni siquiera saben ¿por qué están ahí? es más, no saben que existe otro sistema de vida, se vuelve tan repetitivo este conteo que los niños lo toman como algo natural, ¡es su realidad!, ¡no conocen otra! Se levantan con el sonido de la campana y ellos mismos empiezan a decir entre saltos y sonrisas; ya es hora vamos, vamos a la contada ¡a la contada!, ¡a la contada!... Así transcurren sus primeros 4 años de vida, que es lo máximo que permite la ley para permanecer con sus madres recluidas, al cumplir esta edad son llevados a centros de adopción u orfanatorios; si no hay ningún familiar o padre que se apiade de estas criaturas. Los separan de sus madres y de las otras reclusas que durante cuatro años se han encariñado con ellos acariciándolos, teniendo en quién depositar su amor. Sus madres muchas veces se suicidan, o enloquecen, terminan sus vidas en estados depresivos en fin... Ahora imagina la nueva vida de estos niños. Son sacados de este medio a otro que nunca han conocido, no vuelven a ver a sus madres. ¿Te puedes imaginar lo que sienten estos pequeños niños? Bueno este es otro de los infiernos creado por el hombre.

Para no desviarme del tema imaginemos la vida de los pequeños que salen de ese mundo y llegan a otro que puede ser incluso más cruel, o puede ser el inicio de maravillosas realidades y mundos sin explorar; sin embargo el común denominador de estos niños llevan consigo una pregunta muda en sus ojitos, y, tal vez preguntaron y preguntaron y nadie les contesto. Con el tiempo aprendieron a callar ya que recibieron solo indiferencia o algunos golpes. Entonces ocultan sus sentimientos de soledad y abandono, la tristeza interna la guardan dentro de su corazón. Vuelcan todo su ser a través de los juegos y fantasías, crean amigos imaginarios, los cuales les responden y los acompañan, vuelve la sonrisa, juegan, ríen a carcajadas, inventan juegos y continúan su vida, todavía no pueden valerse por sí mismos, no comprenden, solo ellos saben lo que les ha tocado vivir, tienen preguntas sin respuestas y en su mente permanecerá el recuerdo de los lamentos lastimeros de su madre y reclusas, el sonido de las sirenas policiales, las celdas frías, las noches que escucharon llorar a su mamita. ¿Cómo borraras esto? ¡Humm...!

Así como este relato, existen muchos otros de sufrimiento y sobrevivencia, son múltiples potenciales de desolación que vive el ser humano, menos mal que se está capacitado para adaptarse a cualquier medio, situación o ambiente y forjar su nueva vida. Otros inclusive la pasan sin conocer otras realidades, no buscan alternativas, se quedan donde están sin saber que existe algo más.

La mayoría de los niños oh seres maravillosos que viven el día a día, ríen inventan juegos, reciben lo que se les da, dan amor incondicional y se acoplan a todas las circunstancias, son exploradores ávidos de nuevas aventuras, sonríen cuando el sol les alumbra sus ojitos, corren, chapotean en las aguas lluvias, recogen ranas y flores, crean bellas fantasías, ¡Ah! maravillosa forma de existir, ¿te acuerdas de aquellos días felices?

Los niños no saben mentir. «Si lo hacen es porque algún adulto les ha obligado a ello, esto no está en la naturaleza interna de ellos». Viven su mundo y su entorno; si no les gusta a la menor oportunidad se evaden y se escapan convirtiéndose en uno más de los niños que deambulan en las calles de las grandes urbes. Existe tanta tristezas y desventuras allí, que son inimaginables ¿las sufriste en carne propia? por sobrevivencia se adaptan a ella, es un medio violento, impuesto por la ley del más fuerte.

- La calle se convierte en tu hogar, creciste con miedo «huir era tu único camino» ¿había frío? -un periódico era tu cobija-, ¿tenías hambre? -las sobras en la basura era tu comida? robar era un medio para conseguir dinero.

Bueno, algunos ciudadanos confiaban en ti y algunas veces te permitían lavar su carro y te daban algún dinero, «no el valor que merecías, claro».

- ¿Y qué me dices de las tantas veces que evadiste las redadas de la policía? si te encontraban qué mala suerte la tuya, te encerraban, te maltrataban, te empujaban, te pegaban o te injuriaban a más no poder, psicológica y físicamente. No tuviste quien te defendiera de abusos sexuales... ni hablar de los favores sexuales obligados porque era la única manera de salir de allí y así aprendiste a escabullirte en medio de una sociedad que simplemente condena. ¿Qué saben ellos de tu vida?

- Aprendiste a oler pegante para callar tus tripas por la falta de alimento y así callabas las voces de tu mente, pues tu vida no tenía sentido. La sociedad no tiene compasión juzga y te trata como perro de la calle... no se toman la molestia de averiguar sus historias.

- Que caíste en manos de adultos inescrupulosos que simplemente te utilizaban para pedir limosnas en las calles o vender flores, claro tu vida con ellos no fue ninguna maravilla, si no conseguías tu cuota el castigo no se hacía esperar... ya puedes imaginar cuántos atropellos y vejaciones sufren estos niños. ¡Son víctimas inocentes! y así poco a poco pasa el tiempo hasta abandonar su niñez para siempre y llegan a la pubertad.

La ADOLESCENCIA

Tu cuerpo, reacciona a nuevas sensaciones. ¿Te acuerdas de lo que querías? Querías pertenecer a algo, a cualquier grupo, tener amigos, ser aceptada y para lograrlo hasta casi matabas a tu cuerpo utilizando todo tipo de dietas, comidas sin nutrientes adecuados o no comías llevando tu cuerpo a sufrir de un severo desorden alimenticio.

Perteneces a una sociedad obsesionada por la comida rápida y por el endiosamiento del cuerpo, sientes una gran insatisfacción; que lleva a conductas peligrosas y poco sanas como: la anorexia nerviosa, bulimia nerviosa y ED-NOS «desordenes alimenticios no especificados».

- Tenías un miedo intenso a ganar peso hacías lo que fuera con tal de sentirte flaca, aunque te ponderaran lo delgada y fenomenal que lucías, nunca lo creías ni aceptabas. Comías hasta hartarte y luego hacías purgaciones, te sobre ejercitabas. Tu cuerpo se sentía débil y tu baja autoestima estaba por el suelo.

- ¿Qué me dices de las sodas de dieta? las cuales evitan que el cuerpo absorba el calcio, tan importante para tener huesos fuertes. Llegaste a odiar tu cuerpo, te horrorizaba cualquier gordo y si tenías puntitos negros en la cara ni hablar... hacías lo que fuera con tu cabello y aunque eras y eres hermosa nunca lo creíste, simplemente nunca te aceptaste y mucho menos tu cuerpo.

¿Tienes hijas jovencitas?, habla con ellas sobre los problemas que pueden enfrentar por no comer una dieta balanceada y explícales que hacer dietas puede causar enfermedades tales; como problemas cardíacos, presión arterial baja, temperatura corporal baja, desmayos, uñas frágiles, el cuero cabelludo se agrieta y pierden cabello en gran cantidad.

La piel del cuerpo se seca por deshidratación y constipación; además de estar deprimidas, cansadas, y llenas de stress, lo peor es que el cuerpo genera un tipo de lanugo; que es el desarrollo de un bello muy fino y abundante en cara, espalda y brazos, y el crecimiento corporal se estanca. ¡Quieren ser esbeltas y consiguen todo lo contrario! También Puede ocasionarse el retiro o merma en los períodos menstrúales ya que no existe suficiente estrógeno para sostener la función normal del cuerpo.

- Nunca te sentiste querida y mucho menos comprendida, no sentías respeto por ti misma, empezaste el reto y a luchar por tu libertad y la emprendiste contra tus padres, ellos eran los culpables de todo, creías saberlo todo y desgraciadamente tú y tus jóvenes amigas no contaron o no se dejaron guiar e hizo su aparición el uso ilimitado de alcohol, cigarrillo, drogas y demás adicciones que fueron socavando tu maravillosa vida.

- ¿Qué viviste un libertinaje total? llegaron los impulsos sexuales, sin el más mínimo decoro o respeto por ti misma, ni tu cuerpo. Tus instintos sexuales estaban a flor de piel; y entraron los nuevos personajes del amor y con él llegaron las llamadas "meteduras de pata y sinsabores", te dejaste seducir por este impulso que no comprendías, ni dominabas, cual caballo desbocado cambiabas de novios persiguiendo muchachitos, o cambias de pareja como de ropa.

- Llegaron los abortos que solo te llenaron de más odio, rencor, culpabilidad, remordimiento y a no apreciar la vida perdiendo tu plusvalía.
- Muchos de estos sentimientos te impulsaron a ingresar dentro de un grupo de jóvenes buscando algún tipo de identidad, algo para sentirte digna aunque fuera por un rato o simplemente para ser admirada por alguien.
- Te uniste a un grupo para luchar y forjar una propia historia; nacen los grupos roqueros, los Punk, los Emos, etc.... o tal vez entraste a una banda de delincuentes, o eres drogadicta, masoquista o adoradora de algo.

Encontramos muchachitas desorientadas y juzgadas por una sociedad de adultos intolerantes y ajenos al sufrimiento de la juventud.

La Juventud

En un abrir y cerrar de ojos ha llegado. Te consumiste en esos grupos y puede que tu vida haya quedado semi destruida. Hay tantas muchachitas que llevan tristes recuerdos llenos de sufrimiento, rabia, culpabilidad, dolor, inseguridad, odio y miedo. Debido a decisiones tomadas a la ligera; momentos que marcaron tu existencia y son los grandes problemas personales que llevas a cuesta.

- Muchas venden su cuerpo por comida, por vestidos, por perfumes, por dinero, o por demostrar simplemente su amor a los requerimientos hechos por su pareja o porque creen que así se conquista a un hombre. Se prostituyeron y no disfrutaron de su pubertad.

Fue tan corto el tiempo y el deseo de crecer, que no tuvieron tiempo para madurar, siguen patrones que vienen desde la niñez. Con el transcurrir del tiempo los van dejando enterrados, ocultos. Desearían que nunca hubieran ocurrido.

Sin embargo pensamientos recurrentes llegan a sus mentes, al hablar con alguien, al leer un artículo, un titular, una película o novela, ver cierto lugar, sentir un olor determinado... pensamientos semejantes a una daga, son llamas ardientes que se meten en tu corazón. Son recuerdos «flashes» a todo color filminas de una mala película «sacada del baúl de tus recuerdos» sientes desasosiego, y viene el victimismo; todo hubiera sido diferente si tal o cual no se hubiera atravesado en tu destino, entonces descargas tu ira en ese que está en tu recuerdo "el culpable" aunque continúas viviendo no puedes olvidar... la vida continua lo dejas en un oscuro rincón; sigues tu historia personal y el tiempo sigue su marcha inexorable.

En esta nueva etapa de la vida tal vez más sosegada, prefieres no pensar en esos recuerdos del pasado que están en el fondo del alma; otras prefieren dejarse llevar por la vida y no hacen un alto en el camino no aman sus vidas y se desprecian profundamente.

- Se consumen en la drogadicción, el alcoholismo y la prostitución, no ven otra forma de subsistir o mantener a sus familias, algunas inclusive lo hacen para poder pagar sus estudios universitarios para algún día ¡ser alguien! En fin hay tantos motivos que llevan a las mujeres a tener una doble vida que poco a poco se convierten en mujeres frías, calculadoras, cínicas, codiciosas, o simplemente lo convierten en su trabajo y se llaman así mismas trabajadoras sexuales. Continúan y continúan, se acoplan a la situación, no reaccionan; no se dan una oportunidad solo existe ese entorno degradado y se dejan llevar por sus propias adicciones.

- Algunas han luchado y se han enfrentado a la vida y salen con coraje. Inician nuevas vidas, son grandes empresarias, son mujeres de éxito; otras obtienen el trabajo por el que han luchado, llevando exitosas carreras.

- Otras han sucumbido a los requerimientos del jefe y aceptan vivir en la sombra solo recibiendo migajas de amor, no se dan cuenta que son utilizadas y ellas mismas se anulan, se cubren de vergüenza.

- Otras prefieren dedicarse a su soltería, le tienen pavor a comprometer sus sentimientos estos fueron tan dañados que nunca más volverán a confiar y le temen al compromiso. Algunas lo hacen con dignidad, otras se convierten en mártires ambulantes, y otras cuando ya les llegan los años maduros, se arrepienten de no haber actuado de haber sido tan cobardes, hasta para tener un hijo.

Afirmo que existen mujeres que manejan sus vidas impecables y perfectamente, «recuerden que no estoy hablando de las cosas bellas solo de esas cosas oscuras del pasado, que hacen despertar los síntomas del cáncer».

- Algunas siguen en los patrones de carencia total o simplemente dejan de creer en los hombres, dejan que sus preferencias sexuales e íntimos impulsos las confundan «lo que nadie sospecha» es que en ocasiones con solo mirar a una mujer sienten atracción y desean tocarlas. Pierden los escrúpulos que la sociedad les ha impuesto y centran todo lo que son en amar a las de su mismo género creen que por fin las entenderán y que la vida les será más fácil, se convierten en homosexuales, lesbianas, etc., viven experimentando entre los dos géneros lo que descubren es que los miedos, celos, amarguras, retos y oportunidades son iguales, viva con quien viva o hagan el amor con quien deseen, descubren que la respuesta no está ahí.

- Para algunos la existencia se les ha vuelto un infierno, un caos, otras se convierten en famosas cantantes, pintoras, modelos y actrices, están en las revistas de farándula, son celebridades, nadie sabe de su verdadera historia personal, ni lo que han pasado para llegar hasta la cima. Sobreviven, simplemente quieren enterrar el pasado de dolor que llevan en su corazón, van poniendo capa sobre capa acumulando sentimientos estancados, sienten opresión en el pecho, no pueden mitigarlo, ningún trabajo, ningún éxito las apacigua, y mucho menos piensan que ese sentimiento les puede llevar a generar el cáncer pues eso solo le pasa a otras personas no a ellas.

En este transcurrir del tiempo la vida te va llevando poco a poco hacía una "efímera estabilidad" en la vida personal y en el trabajo. Si, no te dejas llevar por el exceso de trabajo y te vuelves "workoholics". Algunos sin darse cuenta se quejan y dicen "tengo trabajo por montones y eso me produce mucho ¡stress! Si sigo así me llegará un ataque cardiaco" y les llega lamentablemente. No pueden parar porque talvez la responsabilidad se los impide o porque hay que pagar las cuentas y ni hablar de la mayor carga que llevan los que tienen hipotecas y familia, las cuentas a pagar no dan espera, la prioridad para estas personas son las cuentas y se olvidan de su familia, que paradoja, trabajan para la familia y se olvidan de ella.

Existe un momento mágico en la vida. A todos les llega, no importa de qué condición social son; ¡llega seguro que llega y llega! El Amor toca a las puertas del corazón, empiezan la reconstrucción de una nueva vida, hay un cambio significativo, encuentran el amor en esa persona especial y creen que realmente los hará feliz, piensan ¡viviré mejor y seré feliz!... tendré hijos y no dejaré que cometan los mismos errores que yo. Por fin me identifico con lo que quiero, suspiras de alivio, la sonrisa está a flor de piel, tienes lo que querías y por lo que has luchado. Aunque de vez en cuando llegan esos sentimientos de culpa, son recordatorios mentales "flashes" que vienen en imágenes a todo color acompañados de dolor y de vergüenza –tú sabes de qué..., deseas que todos estos flashes queden fuera de tu mente y para colmo la suegra, las cuñadas que han vivido lo suyo, y han pasado por idénticas situaciones, te observan como bicho raro, ninguna mujer es merecedora del retoño de su hijo y/o hermano. Él ve a su madre con ojos de adoración ¡la ve perfecta! Así debe ser.

Las suegras no se dan cuenta que van perpetuando la agonía y el dolor entre todas las mujeres eternizando la supremacía del hombre y poniendo por debajo a la mujer, degradándola; las suegras son el retrato de lo que la nuera es, y al versen reflejadas en sus propias limitaciones, su propio egoísmo, sus propios miedos, las convierten en sus enemigas. Qué pena que esto sea así, debido a todo lo que han vivido. Es ahora de cambiar la indiferencia no ayuda. Educa a tus hijos en igualdad de condiciones; sobre bases morales sin discriminación entre hijo e hija; el resultado será un mundo maravilloso lleno de respeto, dignidad, viviendo en igualdad de condiciones ¡todos!

Sin apartarme del tema sigo con las suegras, te recuerdan a lo que más temes y tienes oculto, a lo que no quieres enfrentarte. Poco a poco se convierten en enemigas "amistosamente educadas" que poco se toleran, entran en una lucha de caracteres y poderes, no pierden oportunidad para hacerse quedar mal entre sí; en el fondo es para demostrar quién puede más, quien es superior, se dejan manejar del egoísmo y la sobrevivencia, por este instinto arraigado en cada mujer se hacen la vida imposible.

- Al llevarte su hijo le estás robando su futuro y eso no lo perdonan, incluso no lo reconocen.
- Tú sin darte cuenta también luchas por tu propia sobrevivencia, centras en él todas tus expectativas de vida, tienes la ilusión y la fuerza de la juventud, tratas de ser diferente; de verdad estás enamorada y quieres ocultar el pasado, que nadie se entere ¡Oh no! Morirías de vergüenza. La mujer empiezas otro ciclo basado en la mentira y la carencia de valores. Sobre la apremiante necesidad de supervivencia, no hay

solidaridad, ni respeto. Tú y ella «ellas» hasta pueden influir para un divorcio.

- Como tu pareja no ha sido de ayuda la relación es caótica; viene el cambio de pareja, la infidelidad se pone al orden del día. Acumulan más problemas, stress, tristeza, desconfianza, duda, miedo. Realmente no has podido generar un método para salir de esa maraña.

Un poco de historia para entender mejor: La mujer ha llevado la peor parte y en su ADN está codificada una gran carga emocional que viene acumulada y pasada genéticamente sobre la esclavitud y el maltrato perpetuado. A lo largo de la historia vemos sistemáticamente el acoso que ha hecho el hombre a la mujer; son utilizadas como objetos para uso exclusivo de placer sexual, han sido maltratadas psicológicamente, golpeadas, menospreciadas y desvaloradas, en algunas regiones del planeta valen menos que un animal, son inimaginables las humillaciones y vejaciones que ha recibido y lamentablemente continúan hoy en día. No encuentro excepción en ninguna raza. Quiero hacer frente a esta problemática, generando un sentimiento interno para que cambie toda mujer y se cree una nueva realidad.

"Los cultos y los dogmas son una trampa de la filosofía", en tiempos del oscurantismo los dogmas implantados y promovidos por civiles y grupos religiosos, funcionaron ya que fueron implantados a la fuerza y luego lo han implementado metódicamente, tomando el tiempo necesario para adoctrinar y crear una conciencia grupal basada en la culpabilidad. Utilizan el pecado como el gran verdugo; los rituales de las iglesias son supuestamente para liberar del pecado.

Yo no estoy en contra de Dios, estoy en contra de los que utilizan el nombre de Dios para castigar; es inhumano. Desde que naces, te crean una necesidad inconsciente de ser castigado; incluso actualmente recurres a esas instituciones religiosas para pedir ayuda y consuelo; nada sacas en claro porque sencillamente ellos no saben qué hacer. Nadie te ha enseñado a apreciarte realmente a valorarte y amarte incondicionalmente, yo pretendo que ahora cambie ese vacío y se llene de un amor profundo y conciliador.

Por eso cuando llegan los hijos vuelcas todo tu amor y protección en ellos a veces en forma enfermiza, sintiéndote dueña de ellos, son tu vida entera. Con los hijos vienen otros ciclos de alegrías y desalientos, tristezas y preocupaciones, miedos y odios.

- Si está el licor de por medio, y tu pareja tiene este vicio, causa trauma y desaliento en todo el núcleo familiar.
- La mujer genera una gran desilusión y desesperanza pues ella es la de menor incidencia en esa adicción y es la que tiene que cargar con la escasez; es a ella a quien le piden de comer los niños.
- Si decides continuar con tu unión a pesar de todo y le sumas los celos de tu pareja, otro de los problemas a los que se enfrenta la mujer, siendo novia o casada, ya que los celos conllevan al maltrato psicológico y verbal. Lo peor es que internamente sientes que está bien merecido «sentimientos de culpa» y aceptas vejaciones y sin sabores.
- Así, le entregas al hombre tu fuerza de voluntad, tu valía, tu poder y valor; por el sentimiento de culpabilidad que sientes, aguantas su juzgamiento por

cualquier tontería: ya sea porque no haces bien la cena, porque no ganas lo suficiente, porque llegas tarde a casa, porque no le avisas dónde estabas, porque sonríes y piensa que te burlas de él, porque estas de mal humor, porque vives encerrada, porque miras televisión, porque hablas con tus amigas. De chismosa no te saca, aunque le encanta que le digas lo que pasa en las otras parejas, para sentirse mejor que otros.

- ¿En quién andarás pensando? que él no tiene la cara cuadrada, cuidadito dónde llegue a descubrir algo que ocultas «amenaza» ¿que oculta él? Cada cual juzga de acuerdo a su misma condición. Que miras a otro hombre y ya con eso le eres infiel aunque ellos pueden mirar a su antojo.

- De bruta no pasas -que no sabes pensar, lo que hablas son simples boberías- porque te engordaste, porque te vez desarreglada o porque te arreglaste demasiado, porque gastaste demasiado y no se dan cuenta que tú estiras como puedes el presupuesto para tener a todos los de tu casa contentos, o te prohíbe hacer uso del dinero, tienes que pedirle todo a él, hasta tus toallitas de uso personal.

- Cuando lo haces quedar mal ante los amigos, eso sí que no lo toleran, lo que un hombre teme es quedar mal ante los otros hombres, eso les mina su hombría, debes por lo tanto hablar de sus bondades, ¿vives esta mentira?

- Si por casualidad tienes una madre que cuando acudes a ella te repite que aguantes; porque sino qué vas a hacer por ahí solita, entonces, hace que tu sumisión llegue al colmo de olvidarte de ti y tus anhelos, claudicas tus derechos tratando de llevar un matrimonio estable.

- La inestabilidad aumenta, algunos llegan a los golpes convirtiendo sus vidas en un infierno, entre insultos y sentencias deseándose mutuamente la muerte; para al rato estar entre besos y abrazos prometiendo que nunca más lo volverán a hacer.

- Estuviste en medio de peleas cuando eras pequeña, se te encogía el corazón de pánico y solo atinabas a meterte bajo la cama, al salir y ver a tu mamá llorando, reventada y adolorida, ibas albergando en tu corazón odio y ganas de vengarla, queriendo creer para enfrentarlo. Los hijos que al crecer en un momento dado no pueden aguantar más y se enfrentan a sus padres a veces con resultados nefastos.

- Algunas parejas engendran hijos para luego convertirse en verdugos de su propios hijos y de sí mismos.

Los que aprendieron la lección y amaron profundamente a su madre son padres bondadosos y esposos ejemplares. Caballeros que gracias a Dios existen. Ahora miremos a los hombres machistas de pensamiento egoísta, que degradan a su mujer como les da la gana y la celan hasta con su misma sombra.

- Cuando surge un problema, generalmente este tipo de hombre, manda a la mujer a hablar con el vecino para conseguir prestado dinero, o con el arrendador para pedir una prórroga de la renta, realmente no tiene miramientos - te prostituye, esa es una forma de prostituir y si llegas sin dinero hasta te levanta la mano.

Las cárceles y los hospitales psiquiátricos están llenos de mujeres que no aguantaron más. No le enseñaron a respetarse a sí mismas para que no lleguen a estos extremos.

- Muchas veces el dinero es para pagar el vicio de alcohol o droga, esto se presenta en ciertos sectores de la población.
- En otros sectores simplemente te castigan con la indiferencia, mirándote acusadoramente, no te tocan, «castigo sexual». Te dicen que no sirves para nada y utilizan palabras injuriosas o de menosprecio «castigo psicológico», ¿me pregunto qué clase de celos son esos? Los usan para su conveniencia, para poder depositar en la mujer su propia basura, porque te consideran débil y tu se lo permites, esto debe cambiar para siempre y es en serio.
- Cuántas veces te has sentido violada de tu propio esposo, él no entiende que simplemente no quieres tener una relación sexual, actúa como semental, te atropella, no se preocupa si sientes placer o no. lamentablemente sucede por la falta de amor propio hacía ti misma y porque crees que sola no puedes sobrevivir.

- Piensas en tus hijos y bajas la cabeza aguantas muchas cosas y hasta experimentar con formas que ni sabias que existían, después, estas adolorida y con asco, no deseas que vuelva a tocarte, quieres desaparecer, morir, por ende aparece una serie de problemas relacionados con la sexualidad, los consultorios médicos están repletos de mujeres con toda clase de problemas y sintomatologías relacionados con la sexualidad.

¿Te puedes preguntar cuántas veces has deseado fervientemente morir?, ¿cuántas?, ¿Se agrando más tu desanimo?, ¿te sientes cansada?... la vida pesa e inconscientemente tomas la decisión de terminar con todo, un paso más para generar el cáncer.

Pregunto

¿Crees que es hora de despertar, de rescatar tu valor? De tomar el control de tu propia vida. Deseo que al terminar de leer este libro puedas controlar tu propia vida y puedas empezar a vivir como tú te mereces con lo mejor de lo mejor.

El Adulto

Llega la edad del enigma. ¡Oh no! Te aferras a lo que queda de tu juventud aparentas juventud usando ropa que no te va bien. Tu actitud no ha cambiado continúas día tras día recibiendo cada mañana con las siguientes exclamaciones al llegar frente al espejo: ¡qué horrible me veo!, ¡qué cabello es un asco!, ¡qué ojeras tengo!, ¡qué gorda estoy!, ¡mis ojos están abultados!, ¡qué terrible pata de gallina!, ¡mi piel esta opaca y sin brillo!, ¡qué vieja me veo!, ¡qué horrible soy! lo repites mentalmente como disco. Si tu figura es reflejada en una vitrina o ventana repites lo mismo internamente. Detestas, criticas y odias tu cuerpo, adicional a las veces que observas los comerciales de la tele, revistas de farándula que exhiben a mujeres esbeltas y hermosas, no puedes evitar hacer los comparativos con tu cuerpo, tu cara... amplías el descrédito de tu cuerpo, y para colmo hasta tu pareja insinúa lo gorda que estás.

A todas las mujeres les pasa, tengan o no dinero, es un problema psicológico constante que refuerzan y suman a los problemas que llevan. No hay mujer hermosa que no diga que ella tiene algo feo. Y qué me dices de tus senos que van descendiendo, las estrías en tu estómago, en tus nalgas, en tus piernas ¡que stress, que angustia! Recurres a cirugías si cuentas con medios económicos o te endeudas y como han dicho cientos de mujeres; así me quede en la mesa de operaciones ¡la haré! No les importa morir o enfrentarse a dificultades si sale mal la cirugía, le dan más importancia al cuerpo que a la propia vida. El círculo se va cerrando. Son muchas cosas que no logras identificar y olvidas tu ser interno es tiempo de asumir tu responsabilidad y confrontar lo que sientes por ti ¡Ama tu cuerpo, es lo único que tienes, es tu vinculo para experimentar cosas extraordinarias! Aunque ahora no lo percibas.

- Puede que hasta hayas cambiado de entorno, de país, y dejado atrás a tus seres queridos, tu corazón está sangrando en esta nueva soledad, has enfrentado grandes retos y hasta humillaciones, sentirte menos al no entender otro idioma, aceptas puestos de trabajo inferiores a los estudios que tenias en tu país, te explotan y si eres indocumentada ni hablar del maltrato.
- Colma la copa el miedo a ser deportada, a veces te lleva a cometer más

atropellos contra ti misma, no puedes ver la luz... o la vez lejana, estás paralizada.

- Has pasado años culpándote o culpando a otros: señalando lo desastroso de este mundo, expresando lo malvados que han sido contigo, ¡jamás! has hecho un alto en el camino.

¿Estás cansada?, ¿La carrera de la vida te está ganando o tú la vas a ganar?, ¿qué opciones tienes?, ¿cómo puedes cambiar?, ¿cómo hacer algo mejor?, ¿existe algo más?, ¿quién eres?, ¿qué quieres?, ¿qué clase de vida deseas?, ¿vives para otros?, ¿y para ti...? puedes estar yendo a la autodestrucción. Necesariamente tienes que iniciar cambios en tu vida. Mi querida amiga -Yo te digo que ese ODIO es la causa principal y tremendo detonador del cáncer, despiertas a este monstruo que yace dormido en tu interior. Pregúntate por favor. ¿Habrá algo diferente para mí? algo lindo, puro, limpio, algo que no he visto y vivido. ¿Qué hay?, ¿qué abra para mí?

La respuesta es -Si, si lo hay. Es hora de despertar del sueño en que estás inmersa. Dirige tu vida bajo otra directriz. Tu actitud tiene que ver con todo lo que te ha ocurrido.

Notas

1 - Aunque este escrito para la mujer, no significa que algunos hombres hayan o estén pasando por situaciones idénticas. Ya puedes imaginar quienes son las causantes de sus sufrimientos. ¿--? Pues algunas mujeres... de todo hay en la viña del señor.

2 – Muchas situaciones que vive el ser humano no quedaron plasmadas en este escrito, estoy consciente de ello y no quise extenderme demasiado. Si no encontraste reflejada parte de tu historia, pon unas cuantas palabras en la lista que has venido haciendo.

3 - Ahora vas a encontrar unas listas que he elaborado; vamos a hacer un juego rápido, Primero: subraya cada palabra que te identifique «la mayoría están escritas en tus notas» Pretendo que tengas un análisis rápido para medir el tipo de actitud mental que posees y así sabrás exactamente donde moran tus sentimientos.

¿Donde Moran Tus Pensamientos?

Hon Sha Ze Sho Nen: Símbolo de la distancia, abre el libro de la vida y lee el ahora, permite abrir el registro akashico y volver a leerlo interpretándolo de otra manera.

A continuación encontraras unas listas, revísalas y contesta con cuantos te identificas.

Lista I

El odio
La culpabilidad
El resentimiento
Las quejas
La tristeza
Las lamentaciones
La amargura
La falta de perdón
Los pesares
La frustración
El rencor

El abatimiento
La angustia
El fracaso
La postración
El dolor

Lista II

Las fobias
El miedo
La preocupación
La incomodidad
El stress
La ansiedad
La intranquilidad
El asco
La desconfianza
La duda

Lista III

La felicidad
El amor
El gozo
La alegría
La fe
La esperanza
La prosperidad

La salud
El perdón
La humildad
La armonía
La comprensión
La claridad
La inocencia
La paciencia
La benevolencia
La bondad
La claridad mental
La valentía
La compasión
Algún propósito de vida

Respuestas

¿Escogiste la mayoría de la lista I? Tu mente y tus pensamientos vegetan en el pasado con escasos o nulos momentos del presente; por consiguiente vives en el pasado, estas atada a tu pasado y te revuelcas en la basura del pasado.

¿Escogiste la mayoría en la numero II? Tu mente y tus pensamientos están en el futuro te preocupas por cosas que ni siguiera han sucedido. ¡No han sucedido! ¿Entonces por qué te preocupas? ¡Humm! Lo peor es que harás que te sucedan.

¿Tienes el 50% del número I y otro 50% del II? Tu mente y tus pensamientos se la pasan entre el pasado y el futuro, te olvidaste del presente, ¿vives aquí y ahora?, ¿tienes momentos de tranquilidad?, por esta razón tu vida es un continuo caos.

¿Escogiste todas de la 1 y 11? Realmente estás en un punto muy frágil, podrías ir hacía un desenlace ineludible. Toma conciencia por favor, éstas segregando un químico el pH es un "acido" que contamina tu organismo, e ideal para la proliferación de bacterias y virus. -cambias ahora e inicia el control sobre tus emociones, si no estás creando el camino que te llevara a la larga a desarrollar el cáncer o cualquier otra enfermedad grave. Por lo anterior:

LO SIENTO................ TE AMO

Si escogiste solo las del grupo III, en hora buena eres una afortunada y solamente me resta decirte ¡mil felicidades! Nos veremos en el futuro.

-ERES LIBRE-

Libro II

Te Propongo

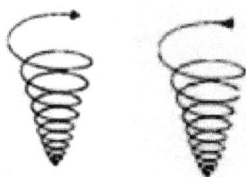

Movimiento Yin: Ascendente; elevación, enfría, saca... Movimiento

Movimiento Yang: Descendente; Bajada, carga, calienta, mete... Movimiento

Despejando El Panorama

Antakarana: Columna de luz, es protector e intensificador de energía, representa el puente entre la mente superior y la inferior.

Si quedaste con resentimiento hacía el género "masculino" no fue esa mi intensión ¡definitivamente no! Sé que cambiaras esta primera impresión, cuando termines de leer esta segunda parte; tendrás otro punto de vista diferente, veras las cosas mejor, lo cual redundará en una mayor plenitud, amor, armonía y paz contigo misma, con tu familia y con todos los seres que están a tu alrededor. ¡Esté es mi verdadero propósito! Encontraras guías y consejos. Inícialos con alegría, traza nuevas directrices crea un camino lleno de realizaciones personales.

Investigaciones Médicas Y Científicas

Una peueña introducción a investigaciones médicas y científicas. Para ampliarlo busca información en Internet. Al ser humano le afecta y lo conduce a generar todo tipo de enfermedades sus propios pensamientos, si estos son de pena, dolor, odio, resentimiento etc., de acuerdo a lo que piensas se van generando actitudes que son las que determinan la fase anímica y psicológica de la persona y la lleva a vivir en estado alterado; muchos reaccionan con violencia ante una determinada situación y otros ante la misma situación quedan pasmados o actúan en formas no acostumbradas.

Dicen que el cerebro es tan complejo y único, que no descansa ni un segundo, ni cuando estás dormida, trabaja las 24 horas del día; el cerebro regula cada una de las funciones del metabolismo corporal al igual que todos los sistemas y órganos internos, lo llamare «el jefe» por lo tanto envía impulsos y ordenes respectivas a todo el organismo.

Lo que ya sabe la ciencia es que; de acuerdo al pensamiento que mantengas por períodos prolongados, el cerebro produce sustancias o químicos llamados Neuro-péptidos y éstos van afectando el sistema inmunológico; lo que sientes genera una producción de sustancias químicas, las cuales son transportadas por el torrente sanguíneo para luego ser asimiladas por los todos órganos y las células. Cuando estás estresada, triste o mal humorada, en estado de angustia, tu organismo se va envenenando, son los químicos que llamare de la "muerte". ¿Qué hacen estos químicos? Tu piel se vuelve opaca y sin brillo. Tus ojos se ven sin vida, con bultos, sombras, con ojeras y tu rostro se ve envejecido y ajado, contraes enfermedades más fácilmente.

Cuando estás feliz y relajada, tu cuerpo emana fluidos o químicos específicos «aunque no los veas». Estos químicos los llamare de la "armonía", tienen que ver con el estado de plenitud y alegría, ¿qué hacen estos químicos? Hacen que tu piel sea tersa, luminosa, tus ojos y cabellos brillan y te ves más joven, no te enfermas ni siquiera te da un resfriado.

A todos los seres humanos les sucede, lo importante es que ahora sabes que estás descargas químicas originadas desde el cerebro afectan todos tus órganos y son generados por tu propio estado psicológico; Lo bueno es que puede cambiar de un estado negativo a otro positivo utilizando tus propios pensamientos, entonces la tarea consiste en saber encausar los pensamientos a tu favor y observar lo que permites entrar a tu mente.

La ciencia médica ha hecho descubrimientos que para la mayoría ha pasado desapercibidos. Después de leer y releer artículos sobre el tema entiendo que las células del sistema inmunológico tienen varios componentes entre ellos están las dendritas y filamentos «que los llamare los trabajadores», los cuales llevan información al núcleo de la membrana y los linfocitos que están dentro de las células cumplen con la función de defender el cuerpo contra todo tipo de: bacterias, virus, hongos, parásitos, cáncer y demás enfermedades conocidas; entiendo que los linfocitos en sus membranas reciben todos los neuro-péptidos «que son los químicos o sustancias, que yo llamo de la "armonía o de la muerte"». Lo que intuyo es que los linfocitos no pueden defenderte de tus propios pensamientos. El sistema inmune del organismo, escucha y reacciona a cualquier diálogo emocional y lo hace todo el tiempo, incluso en sueños profundos, cuando son intranquilos es debido a preocupaciones.

Entendí y vi el alcance de lo que sucede cada vez que alguien habla o se pone en estado hipnótico hace que generes mandatos, órdenes al destino; según el tipo de pensamiento emocional que mantengan y es también la energía que emana de ti misma, aquí se entiende por qué en ocasiones no aguantas las energías de algunas personas. Imagínate cuando una persona está llena de dolor, rabia, frustración. Piensa y piensa casi sin control. Los pensamientos vienen y van, «culpan, odian, critican, etc.» y luego hablan sobre lo que piensan como si no significaran nada. Esto es lo afecta al sistema inmune. ¿Qué conservas en la mente?, ¿qué preocupaciones?, ¿de qué te quejas?, ¿qué callas?, ¿qué te avergüenzas?, ¿de qué etc. y etc....?

El cerebro recibe las órdenes y luego ejecuta los mandatos enviando por el torrente sanguíneo los químicos adecuados de acuerdo a la solicitud consciente o inconsciente que hace cada individuo. El cuerpo está lleno de químicos y son el combustibles de las actitudes internas, creo que al conocerlos y saber cómo funcionan los manejaras y utilizaras para tu propio beneficio.

Otros pequeños datos

Célula: Las células están envueltas en membranas llamadas Plasmáticas que encierran una sustancia rica en agua llamada citoplasma. En el interior de las células se dan numerosas reacciones químicas que les permite crecer, producir energía y eliminar residuos. El conjunto de estas reacciones se llama metabolismo, término que proviene de una palabra griega que significa cambio. Todas las células contienen información codificada en las moléculas de Acido Desoxirribonucleico, llamado ADN y esta información dirige la actividad de las células. Hay cuatro bases nitrogenadas del ADN que se encuentran distribuidas a lo largo de la columna vertebral y conforman los azúcares con el acido fosfórico en un orden particular y perfecto, la secuencia del ADN contiene la adenina que se empareja con la timina, como también la citosina, que se empareja con la guanina «parecen nombres de mujeres... jajajajá ¡que poderosas somos!».

Esta es la estructura primaria del ADN, está determinada por la secuencia de bases ordenadas sobre la columna formada por los nucleótidos: azúcar más fosfato y este orden se transmite de generación en generación; es la herencia. Los cromosomas, son las estructuras del núcleo de la célula que consiste en moléculas de ADN, contienen los genes y proteínas. Los Genes son segmentos específicos del ADN que controlan las estructuras, las funciones celulares, la herencia que es las que transmite las características de padres a hijos, y las proteínas son los polímeros constituidos por aminoácidos que intervienen en numerosas funciones celulares. Las clases de macromoléculas «átomos» orgánicas tienen funciones estructurales de control en los sistemas vivientes. Las proteínas son polímeros de aminoácidos unidos por uniones Péptidas «Péptidos».

Los Pensamientos – Tus Reflejos

Kriya: Equilibrio perfecto, acción, la ley de la creación y la acción. Consigue la "manifestación física" sanación de la raza humana como colectivo. Elimina o trae energía para equilibrar.

Es necesario que conscientemente generes pensamientos adecuados que hagan fluir sustancias químicas apropiadas para mantener en óptimas condiciones tu cerebro, cuerpo y mente. "Los pensamientos reflejan tu actitud ante la vida" toma conciencia de ellos, la mejor manera es perdonando de corazón y dejando que fluya ese grandioso sentimiento llamado AMOR. ¡Sí!. Cuando todas tus acciones se apoyen en el amor, este simple hecho te conducirá a adquirir una súper actitud y por consiguiente una mejor calidad de vida.

Cuando AMAS sin poner condiciones, sin esperar nada a cambio, amándote y aceptándote primero tu misma. Haces que tu realidad cambie. Tus familiares se vuelven amables y risueños, tú has cambiado ellos cambian.

No llegaran problemas graves que resolver. Si aparecen los puedes sobrepasar, siempre los problemas aparecen para dejar una enseñanza.

La ciencia ha descubierto que la energía del amor es más nutritiva que las vitaminas y más efectiva que todo tipo de tratamiento terapéutico, está es la llave que abre la puerta a la FELICIDAD, te veras sonriente, llena de gozo, plena y realizada. Es tú "elección personal". Pon tu voluntad en ello y crea los "pensamientos adecuados" con una mente tranquila sabrás resolver cualquier obstáculo. A pesar de las personas que te rodean e incluso por ellos mismos, porque serás una luz en su camino, hazlo por ti, tú vida mejorará un 100% de eso estoy segura. Re-direcciona tus pensamientos adecuadamente se que redundarán en calidad de vida y una salud perfecta. Pensaras "decirlo es fácil, si estuvieras en mis zapatos otra cosa dirías". Bueno mi intensión es precisamente ayudar a despejar el camino, desde el conocimiento de porque ocurren ciertas cosas.

Al moldear tus sentimientos internos vas hacía la realización de tus sueños realmente te pones encima del problema y veras la solución con esperanza de un futuro mejor. El conocimiento te dará el poder para discernir, te servirá para despejar dudas y evaluar tus decisiones.

Tu Eres El Piloto

Tam A Ra Sha: El amplificador. La Lupa: Activa la capacidad de hacer las cosas totalmente, de completarlas

Ten en cuenta que el piloto que comanda la nave «tu propia vida» eres tú. No hables por hablar pensando que son solo palabras que no tienen ninguna importancia, por aquellos del dicho "que las palabras se las lleva el viento", déjame contarte que no es así, sin darte cuenta estas utilizando y has hecho uso indiscriminado de la ley llamada "Libre Albedrío". Esta es la razón por la que suceden ciertas cosas que aparentemente no esperabas.

Tal vez te preguntes ¿por qué me pasa esto a mí?, ¿por qué a mí? Te hago una pregunta ¿crees qué alguien más se hace cargo de ti?, ¿crees qué no tienes otra elección de vida? Yo creo que sí. Se hace uso de la voluntad y está se manifiesta, cuando se lanzan palabras sin evaluar el estado de ánimo o cuando se piensa claramente esperando un resultado. –

Si, por casualidad han perdido el rumbo «malos ratos» y se dejan llevar por la ira... empiezan a... insultar... a utilizar palabras inadecuadas incluso muchas de ellas van dirigidas contra sí mismos, la familia, algún amigo, a Dios... o simplemente descargando la frustración contra cualquier objeto, o lastimando verbalmente o físicamente a alguien.

Las palabras que utilizas en esos instantes son... Repito; esas palabras son mandatos, órdenes que das es así como vas construyendo tu destino día tras días. ¿Te das cuenta de la magnitud de lo que has creado hasta este momento? Creo que no, nadie explica que esta es la forma de creación y que es tan simple que parece ilógica.

Entonces, la mejor manera de cimentar mandatos ahora que lo sabes, es tomar control de tu mente, sugiero que te conviertas en el espectador de tu destino y que diariamente imagines lo que deseas para ti en ese día, y, que vayas enseñando a tu mente a hacer una proyección hacia el futuro, en esos momentos de ensoñación cubre tus pensamientos con la energía del amor. Es necesario que tengas claro que quién da la orden de tus sucesos, eres tú. Llego la hora de aplicarlo.

Todas las personas expresan sus sentimientos internos y lo imprimen en la inflexión de su voz cuando hablan. Y estas son las órdenes que mandan a su propio destino. Comunican lo que quieren expresar deseos o desventuras. Esta es la razón por la cual se hace casi imposible creer que precisamente de este modo como se forja la realidad. ¡Si, la realidad!, las circunstancias se desarrollan y desarrollan es como una gran sabana que se va desdoblando y desdoblando y en cada pliegue hay un pedacito de destino. ¿Quien crea su destino? Tú ¡así es!

Ahora recuerda por un instante esos momentos cuando algo no te salió bien, o te disgustaste con alguien- ¿recuerda que clase de palabras empleaste? -lanzaste ciertas órdenes, ¿verdad?; recuerdas las veces en que levantaste la voz sintiéndote impotente, las veces que las expulsaste a gritos o con ira contenida, o tal vez nunca las expresaste... te tragaste esa impotencia, la guardaste en tu interior. El daño que te haces - no te lo imaginas. El callar las emociones es inclusive una causa de la diabetes; casi todas las personas que sufren de diabetes se les ve muy dóciles muy calladas, se guardan todas sus emociones no las expresan, la impotencia y el desanimo también son generadores de otras enfermedades y atacan el organismo y van despertando al muerte viviente.

Otro ejemplo aquellos momentos con tu grupo de amigos cuando empezaban con la broma y el "chisme" que es como se llama a esos momentos de compartir información o cuando se juzga a "otro ser humano" en ciertas ocasiones recaen en ti, recuerdas lo qué sentiste cuando te contaron las cosas que dicen de ti, cosas no muy agradables, por supuesto y te hacían hervir la sangre «son los químicos que generas» es una descarga de químicos que inundan tu cuerpo quedas exhausta y con un sabor amargo en tu boca, súmale el resentimiento que embarga tus pensamientos hacía la persona que se atrevió a hablar de ti o que contó algo que le habías participado en secreto, y qué decir cuando entraste en discusión con alguien estando llena de malestar y mal humor, ¿recuerdas? Esas palabras fueron acompañadas de gestos y expresiones no muy gratas, entras en trance de rabia contenida disparando tal suerte de improperios cargados con toda clase de truenos y centellas. Bueno pues esas palabras son mandatos, son órdenes directas que lanzaste y que recibes de vuelta con el transcurrir del tiempo.

Analiza tu vida y veras exactamente que regresa a ti, todo lo que tú has pensado o lanzado en palabras, claro no al instante esto toma su tiempo... es en diferido y cuál es mi recomendación: que en el instante en que abras la boca para hablar hay que saber qué quieres decir, o si no es mejor callar. En la película Bambi dicen "Si al hablar, no has de agradar -te será mejor callar" No es agradar por hipocresía, porque eso tampoco vale, es comprender la situación en sí y hablar desde tu ser de amor. Un dedo apunta a una persona y tres apuntan directo a ti y el ¿quinto dedo? No está de adorno, ese apunta a tu Dios. O sea que ¿quien lleva la peor parte? ¿Esa persona o tu?... Humm... algo a meditar... para corregir ciertas cosas que andan por ahí sueltas se debe aplicar la ley del libre albedrio corrigiéndolas.

a) Cuando estés calmada, revives la escena y haces un acto simbólico con tus manos como amontonando la situación y luego la envías al viento. Di: Dios en mi! «o como designes a tu Dios - crea tu propio estilo» yo no quería decir tantas tonterías... me retracto de todo corazón «sintiéndolo vivamente». Suspiras profundamente llenando todo tu ser tres veces consecutivas y profundas «visualízate sonriente» pones en tu mente los hechos y las palabras que te hubiera gustado decir y esa es la nueva imagen que fijas en tu mente.

b) Visualiza mentalmente a la(s) otra(s) persona(s) implicada(s); ponla(s) en tu mente, relájate, respira profundamente lleva la respiración hasta el estómago «como lo hacen los bebes» unas tres veces o más y dices -Lo siento... «Este "lo siento" es desde la responsabilidad que tú lo creaste» Di - me amo y te amo, me perdono y te perdono... «y esto es así, porque si tú lo creaste y la otra persona lo aguantó, pues, en algo hay que resarcirla enviándole vibraciones de armonía, rodeándola de amor»

c) No digo que salgas a buscarla porque a veces ni siquiera sabes quién es, por ejemplo cuando le gritas a otro conductor algún improperio porque te cerró y tú que no perdonas nada, pues simplemente te disgustas y... ya sabes lo que dices... también puedes decir: LO SIENTO... TE AMO -ERES LIBRE así, te liberas y redimes al ser que estaba implicado en el asunto.

d) Serenamente habla con tu ser interno y di: LO SIENTO ME AMO – ME PERDONO, SOY LIBRE «son tres segundos», te sentirás aliviada, y así poco a poco cambiaras las escenas que te causan malestar, aceptas tu responsabilidad en el hecho. hasta que llegue el momento en que nada te moleste. Nada tendrás que corregir fluirás con todo y con todos, muchas veces sentirás la brisa o el sol envolviéndote en una caricia, o un murmullo de alguna fuente o un olor agradable es como si el universo jugueteara contigo.

Te preguntarás ¿Por qué debo perdonar y amar a esa persona? – ¡Qué los perdone Dios! Te digo que quien perdona y ama es la misma representación de Dios en la tierra y ese eres tú. Perdónate y amate a ti misma con humildad y permítete ser. No seas tan severa contigo misma, no existe un juez más severo que tú misma.

Te cuento una anécdota que me sirvió de lección. Un hombre chocó contra mi carro, dañó toda la parte lateral del vehículo, yo estaba disgustada, y quise decirle cosas, me contuve y lo que encontré fue a un hombre angustiado y con lágrimas en los ojos. Me dijo, lo siento no la vi; me acaban de informar que mi hija ha sufrido un accidente y está muy grave voy para la clínica que está a la mitad de la cuadra, me la señalaba con el dedo. Me serené y le dije no hay problema deme su número de teléfono le llamare más tarde – no llamé a la policía, ni hice reporte de tránsito, le dejé partir «en mi país los seguros no son tan efectivos como en Estados Unidos, incluso no todas las personas los tienen» Mas adelante este señor pago los daños, sin ningún problema. Me dijo "tendré el grato recuerdo de una persona que creyó en mí y me permitió ver a mi hija" «su prioridad en ese momento». Entendí que cuando uno se disgusta con personas desconocidas tal vez por sus torpezas... es porque no se tiene idea de lo qué están pasando en esos momentos.

¿Por Qué Te Cruzas En Mi Vida?
«Familia, amigos, desconocidos»

Sei Ke Ki: Elimina miedos, malos hábitos. Supera la depresión. Deshace la dependencia amorosa, supera traumas emocionales, supera roturas amorosas. Recupera la energía mental, establece la paz interior, da claridad de pensamiento, desarrolla la inteligencia mental y emocional.

Yo se que lo has escuchado muchas veces, "Conoce la verdad y te hará libre" y "Ama a tu prójimo como a ti mismo" aunque no se pone mucha atención. También has escuchado la expresión "las personas son tus espejos" y miras a tu alrededor y no lo puedes crees, porque sencillamente a nadie le gusta las actitudes egoístas o necias que se observan en algunas personas.

Ejemplo: puedes pensar y hasta dices; esa persona es tan orgullosa y necia, que me molesta su presencia, algo raro tiene que no me gusta, cómo es posible que sea mi espejo, eso no puede ser, ¡no! lo creo.

Explicare cómo funciona todo este mecanismo para que tengas certeza sobre ello. Ellos son tus espejos y reflejan aquellas actitudes que forman parte de tu personalidad consciente y las características que están en el subconsciente. ¿Por qué están en tu vida?

Están representando digamos que una obra de teatro, que tal vez fueron establecidos antes de nacer. Con su caracterización puedes ver las fallas y actitudes erradas que existen en ti, y su único propósito es ayudarte a corregir las que tienes convirtiéndose ellos en un espejo. Tu observas y corriges para trascender en esta aventura llamada vida.

Explicación De Los Actores En Escena

Aparece el primer actor en tu vida y representa una de tus actitudes por ejemplo «el desorden» te lo presenta en forma sutil... y tu no te das por enterada. No corriges nada «sigues siendo desordenada». Entonces entra el segundo actor que es realmente desordenado y te presenta en directo todo tipo de desorden, tú empiezas a sentirte molesta con él y el desorden, adicionalmente te alteras; es más, estás molestísima, entonces llega el tercer actor y te presenta las dos en conjunto: el desorden y el mal humor que ha salido a relucir. Te incomodas más y das por sentado que te lo hacen a propósito, empiezas a mirar feo y puedes estar iracunda: entra el cuarto actor, éste de veras te presenta todas tus actitudes en forma exagerada... desorden, mal humor, es odioso: te la pasas molesta todo el tiempo. Como no has corregido ninguna actitud, entras en un ciclo de repeticiones, con más actitudes a corregir hasta que se convierte en una vorágine de sufrimiento, peleas, discusiones; llegan los cambios de pareja, empleo, amigos, de ciudad y sientes que nadie te comprende y tú no los comprendes, piensas que vives en un mundo de locos y lo curioso es que donde vayas cambian las caras de los actores, aunque sus actitudes no.

Los actores se pasarán apareciendo y desapareciendo no escatiman ningún recurso, pueden pasar toda una vida mostrándote lo que requieres conquistar y enmendar en ti «todo parece tan real» por eso, no se capta completamente. Ten por seguro que es para tu beneficio, por favor no estés molesta, ni califiques, juzgues, ni maldigas. Porque vas contra ti misma ya que tú hiciste ese contrato, solo que quedo olvidado allá en el subconsciente y simplemente nadie te había dicho cómo funcionan las personas que llegan a tu vida.

Las actitudes erróneas, de culpabilidad enojo, tristeza, mentira, desorden etc., etc., son los famosos velos que en los círculos esotéricos indican que se deben conquistar. Todo se puede corregir.

Te invito a ser tolerante especialmente con tu familia, a veces se es más condescendiente con los amigos y desconocidos. Supón que conoces a alguien cuyo carácter y simpatía con los amigos es genial, hasta parecen un sol. Y, cuando llegan a casa son los peores verdugos, no soportan ni el menor incidente. No les hace nada bien y se enfermaran.

Estando en paz contigo mismo tus sueños serán tranquilos, te veras mejor en la mañana, recuerda que también tú representas un papel en la vida de otros, es un toma y dame permanente, las energías se atraen entre sí ¿Qué clase de energías deseas a tu alrededor? Me imagino que deseas las mejores. No trates de cambiar a nadie, lo correcto es cambiar uno mismo y las personas que se acerquen a tu vida serán un reflejo de lo que en verdad eres, emanara de tu interior una paz que se reflejara en tu rostro, todos verán lo amorosa, comprensiva, amable, tolerante, compasiva y armoniosa. Deja que todas estas actitudes salgan a flote son parte integral tuya, te pertenecen, algunas solo están bajo llave. Piensa en los momentos cuando estas calmada, en alegría o enamorada; en esos momentos eres especial, ¡muy especial!, te ves bella, radiante tus amigos y familia te dicen lo bien que se siente estar contigo es energía desde tu interior. Recuerda que todos están interconectados, las energías se sienten y se atraen entre sí.

Eres valiosa. En verdad ¡Eres divina! Es fácil cambia, responsabilizándote de tus acciones, no es incriminando o acusando a los demás como se resuelven las situaciones. Es muestra de valor cuando dices yo lo hice, mirando fijamente a la otra persona. Nunca es tarde para cambiar, de verdad nunca es tarde, sé el director de tu propia obra.

Guía: ¿Cómo empiezas a cambiar? primero observa a las personas «sin juzgarlas»: empieza con los más cercanos a ti, tus padres, tu esposo «con él hay una pequeña diferencia, la cual explicare más adelante» tus hermanos, tus hijos, tus amigos y amigas, míralos «sin enojo», y lo que veas en ellos que no te gusta, piensa "algo de esto yo lo tengo". Lo cambiare y así empiezas a pulir las actitudes que observas y deseas corregir en ellos, y, que a la larga son tuyas; tú misma te sorprenderás de los cambios que notaras en ellos, que, por supuesto son tus cambios y actitudes que están siendo reflejadas por ellos. Es un conocimiento simple que poco a poco se irá integrando en tu vida.

Para ser más clara daré algunos ejemplos:

- Que tu mejor amiga es impaciente y grosera; andas quejándote de esa actitud en ella... y te pregunto ¿cuándo estás con afán?, ¿te impacientas y atropellas?.. O ¿cuál es tu actitud? en una simple fila en el supermercado o en el banco... y quieres que la cajera no pierda ni un minuto hablando con otros clientes, ¿qué grado de impaciencia manejas? Una forma de suavizar esta actitud es respirar pausadamente aquietando tu ímpetu permitiéndole a las personas que se tomen su tiempo, un minuto más o menos no pueden echar a perder tu día: veras fluir todo a tu alrededor y tú fluyes también; las cosas te salen fácil, te dan permiso sin que abras la boca, recibes sonrisas, si hasta parece que todos bailaran un vals y lo más importante; estas muy tranquila. «Con esta actitud le ganas la carrera a las enfermedades»

- Que tu hermana se ve desarreglada, que parece una vieja... bueno permítele ser. Y tú cuando estás en casa... ¿te pones bonita? ¡no! -no es necesario dices-, si nadie me va a ver. Acicálate tu imagen se verá bella e impecable; será grato para ti misma verte en un espejo y esto reforzara tu autoestima.

- Que tu hija anda en las nubes y ni presta atención... y ¿tú con tus pensamientos?, ¿son pausados o parecen remolinos al viento?, ¿son bondadosos?, ¿qué clase de actitud albergas en ellos? aplica el respeto hacia los demás permite ser a cada persona lo que es, no los juzgues.

Observa en tu mente pon pensamientos bondadosos se verán en tus obras, ellas hablaran por ti misma; eso se verá definitivamente reflejado en tu semblante.

- Que tu hijo es desordenado... y ¿tú con tus papeles?, ¿Eres ordenada?, ¿están en el lugar adecuado? ¡no! cómo puedes corregirlo - Primero tómate un tiempo para ordenar, pon cada cosa en su lugar; los recibos, cuentas por pagar, correspondencia, seguros etc., compra un carpeta con bolsillos y empiezas tu archivo, cada vez que recibas papales importantes los pones en ese lugar y en ningún otro, si sigues estas pautas, no perderás el tiempo buscando un papel por todas partes, hazlo sucesivamente con todas las cosas que manejas, el mercado, el dinero, etc., un lugar para cada cosa, cada cosa en su lugar.

- Que tú vecina es chismosa... «te quejas» y cuando juzgas o hablas mal de otros o piensas que eres mejor que otros, qué lo harías mucho mejor. Para esto lo mejor es no juzgar, ni sentirte superior, aplica la tolerancia, sé comprensiva y amable; si sientes que alguien es inferior a ti súbelo a tu nivel y si sientes que alguien es superior a ti súbete a su nivel así lograras la majestuosidad de una princesa, se te notara la clase.

- Que tu mamá es pesimista... y ¿cuándo estás ante una gran dificultad?, ¿Realmente eres equilibrada? ¿te sientes optimista? Enfócate en mirar las posibles soluciones y en lo que quieres, no en lo que no quieres, requiere de una buena actitud y aceptar lo que no puedes cambiar; recuerda que siempre, siempre se abrirá una puerta o llegara alguien con la solución a tu dilema, solo ten certeza.

Sabes la lista es larga y no me quiero extender... notaras con el tiempo, que llegaran a tu vida personas más afines a ti, tu hijo(a) o esposo, te revelaran lo maravillosa que eres y te identificarás con ellos, ya, no tendrás necesidad de imponer tus ideas. Entonces ¡obtienes una recompensa!, ¡han cambiado! Y piensas cómo han cambiado, que chévere... bueno Él/Ella, son el reflejo de lo que tú eres ¡ahora! Este conocimiento lo podrás aplicar, te será más fácil abstenerte de juzgar, porque eres tú la única responsable de tus actitudes actúa en consecuencia.

Algo importante vas a tener campo libre en tu mente «lejos de toda preocupación» para llenarla con nuevas realidades; creadas y diseñadas por ti, soñadas por ti ya que tu eres el soñador de tu propia realidad, hasta el momento la venías creando con actitudes erróneas, ahora estas en armonía y colmada de amor, aumentara un profundo respeto hacia ti misma y los demás. Aparecerá el ser esplendoroso que hay en ti, lleno de gracia y felicidad.

"Los Actores son tus maestros, llénate de bondad y tolerancia hacia todos los que conviven a tu alrededor y hacia ti misma especialmente; son los pasos iniciales para renovarte". Todo llegara la espiritualidad aumentará para llenarte completamente, nacerás al gozo y éste vendrá con tu riqueza material. Para esto llegaste a esta vida. – Si, alguna vez te preguntaste para qué naciste, ahí tienes una de las respuestas. Es para experimentar el gozo profundo de cambiarte a ti misma, el don espiritual que se te dio desde el momento de nacer te llenará de tanto amor que tu dicha no tendrá límites.

¿Qué Has Conseguido?

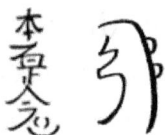

KonShaZeShoNen y Seiheki: Canalización, causal/kármico. Conecta con la conciencia del momento presente. Disuelve patrones negativos. Remite al verdadero camino de ser, a la transformación para acercarse a lo autentico y correcto su esencia original

Analicemos: recuerdas cuándo se presentó cierto problema de dinero y fue todo un caos, o cuándo quisiste comprar algo y no tenías el dinero... no obstante lo solucionaste, verdad. Indícame ¿qué no has podido obtener? - -Si, no lo obtuviste- fue porque no le pusiste atención, ni te enfocaste realmente en lo que querías o fue un deseo pasajero. Te pregunto de algo que hayas puesto "tú voluntad y empeño para conseguirlo". - Me atrevo a decir que has logrado todo, luchaste para obtenerlo, te empeñaste en que ¡eso! era lo querías y no aceptaste un ¡NO! por respuesta. - Lo obtuviste ¿verdad? ¡Claro que sí! aunque a veces llegaste utilizaste medios que sobrepasaron el libre albedrío de otras personas, al recordarlo te causa algo de vergüenza. No lo vuelvas a hacer, no hay ninguna necesidad, hay suficiente para todos. Utilizando el poder de tu mente y manejando los pensamientos correctamente podrás obtener todo y es más efectivo.

Ten certeza que tus pensamientos unidos a la fuerza de voluntad, poniendo manos a la obra; son la llave para obtener tus resultados. Utiliza, este conocimiento sabiamente, lograrás beneficiarte, podrás confeccionar todo, ¡todo lo que quieras! No son en vano las palabras que lego Jesús "Si tienes fe, y ésta puede ser tan pequeñita como un grano de mostaza, lograrás mover montañas."; ya conoces la historia, lo bueno de esto, es que, ¡tú también puedes hacerlo!

¡Sí!, tú puedes hacer y obtener todo lo que quieres, lo que se te antoje ¿te preguntaras?, ¿cómo?, moverás montañas ¡claro que sí! - Puedes mover las montañas de dudas que tanto estorban. Intuyo que Jesús hablaba de las dudas que son como montañas gigantes que pones ante ti. Así que ¿Qué perderás?, nada, al contrario puedes ganar mucho ¿qué quieres poner en tus pensamientos?, ¿piensas correctamente?, ¿monitoreas y diriges esos impulsos? La clave está en ti, enfócate en lo que quieres y declárate en victoria, porque, Tú te mereces milagros. Ni siguiera son milagros ya los tienes esa es la fe saber que ya es tuyo y el cómo... déjaselo a Dios que él se encargara de que aparezcan en tu vida. ¡Te mereces todo! de verdad, que lo mereces lo único es reconocerte como creador y entender que todos los potenciales para crear existen dentro de ti.

Tú eres el piloto – Los potenciales están esperando a ser explorados, atrévete. Tú puedes... ¡Tú eres valiosa! no sigas con dudas. Da un paso a la vez, revalúa siempre tus actitudes e reinicia el control de tu destino; nunca es tarde para desplegar todas sus infinitas posibilidades, se desarrollan ante ti; dirígelas con tu actitud, pon humildad, amor, ternura, ten tranquilidad, paz, permítete soñar en grande, imagina y ten la fortaleza necesaria para emprender el camino hacia la riqueza espiritual y material, ¡ten la certeza total que puedes conseguir todo! y todo es todo.

Toma un momento para ti, lejos de la tv, el bullicio, coge un espejo que vamos a hacer un experimento, quiero que te mires profundamente, sin critica ¡no te hieras por favor! Empezaras por este simple gesto de reconocimiento - vamos mírate, vas a viajar dentro de ti, llegaras a tu ser interno, a tú interior... el alma se refleja en tus ojos, si tus ojos maravillosos; recuerda que ellos son las ventanas de la expresión de tú alma.

Mírate como si fuera la primera vez -quiero que mires únicamente tus ojos. Devuélvete la mirada, míralos son tan dulces – ¿los ves? Te puedes ver en ellos. Míralos- ¡son hermosos, son únicos! siente tu tierna mirada... te envuelve, te rodea en un dulce abrazo «sonríe» Es una mirada dulce que acaricia tu semblante, muy suavemente te devuelve tus años de sabiduría, todos están contenidos en tu mirada; es una contemplación eterna. Observa, tus ojos, descúbrete, sorpréndete, percibe a tu ser interior, examina por primera vez al ser grandioso dentro de ti, este ser maravilloso te devuelve una dulce mirada. Eres tú, es tu ser interno, existe ¡El ¡existe!, está listo a responder y responderá a todas tus preguntas. Quédate tranquila solo siente... siente... una muda pregunta está en tu semblante; arqueas la cejas, deléitate contigo misma quédate quieta sin crítica. Mira tus dulces ojos. Ahora Trata de escuchar tu voz interna, percibe esa frecuencia interior, y como una señal te oirás a ti misma declarando con voz dulce y firme.

Preferiblemente enunciar en voz alta: te amo... lo que yo soy, yo tú santo, santo espíritu, yo el eterno tú, tu Dios/ tu Diosa –sí, soy yo, solo sé amar y amarte es mi función, te permito ser, estoy contigo... eternamente he estado contigo y por siempre seguiré a tu lado, te amo, conozco todo de ti, tú respiración, tú sentir - yo te observo andar de aquí para allá y de allá para acá y no me importa si nunca me prestaste atención; yo siempre he sido, soy tú totalidad, yo lo soy todo- Te amo, te amo incondicionalmente, te amo... te amo...te amo. «En voz alta repítelo» que tus oídos escuchen tu voz... deja fluir ese amor hacía ti misma deja que llegue, y te llene, siéntelo... «Suspira» rodéate de toda la energía del amor.

Tú estás maravillada a más no poder, te quedas perpleja; no recuerdas las miles de veces que observaste tu cara en un espejo; recuerdas de pronto que nunca jamás te has bendecido, no, no te acuerdas ni siquiera de haberte sonreído tiernamente, y mucho menos de haberte amado hasta el éxtasis total, date un abrazo fuerte.

Nota: Este ejercicio es para hacerlo cuantas veces dispongas de tiempo, puedes cambiar las palabras con lo que te sientas cómoda. Cada vez que veas reflejada tu imagen en un espejo, recuérdate cuanto te amas «siéntelo» sonríe y mira solamente tus ojos. Hazlo varias veces hasta que sientas ganas de cambiar, deja que emane esta energía desde el fondo del alma y date una oportunidad; canta, baila, sonríe, llora, aceptándote tal como eres; amate, y olvídate del ruido mundanal a tus espaldas. ¡Así será!

Ríe... que en tu mirada se vislumbra una eterna promesa que empieza a ser cumplida. Si alguien te ve y/o escucha que dicen que estas ligeramente loca, di que sí, que lo estás, loca por descubrirte, por sanar, por explorar tú ser interno, por vivir tu vida.

Eres divina... si... siempre se te ha amado... y... ¿quién te lo dice?...Dios...tú Dios.

¿De Qué Te Sirve?

Cho ku Rei: Es el símbolo de la energía, es el interruptor abre paso y multiplica la energía. Es el símbolo de la protección y el símbolo anti-fugas energéticas. El poder está aquí. Envía la energía al plano físico.

Un paso importante es no ver noticieros, por experiencia propia cuando tomé la decisión a los 19 años de no leer periódicos ni ver noticieros, desde ese día a la fecha, todo lo que acontece en el mundo llega a mí casi instantáneamente, ya sea porque alguien me lo cuenta o por una llamada telefónica, o lo escucho estando en cualquier banco o supermercado; en fin las noticias vuelan y las recibo pasadas por un filtro. Debes tomar conciencia que dónde pongas tú energía o fijes tus emociones, estas se convertirán en reales, no serán ficticias; el cerebro no distingue en lo ficticio o en lo real, ¡para el cerebro simplemente es!

Tú misma das veracidad al hecho poniendo tus sentimientos en el, te vuelves un imán y creas más energía de lo que no quieres. Esta es también la explicación de las fobias, cuanto más terror tengas de ella en vez de ir aminorando, con el tiempo éstas se van agrandando, las atraes a tu vida, se presentan en cualquier momento. Existen porque están fijas en tu mente; hablas de ellas, exclamas el miedo que les tiene, eso les das más fortaleza, las alimentas y se mantienen vivas.

¿Qué pasa cuando ves películas de horror?, tú piel se eriza, sientes descargas que invaden todo tu organismo, ¿verdad? Dime ¿qué sientes viendo noticias por Tv? - ¿qué pasa cuando en la telenovela engañan a la protagonista y sientes ira contra los que la traicionaron?, o ¿cuando alguien muere en una escena? Y te causa dolor lloras y sientes tristeza, o cuando en programas muestran la degradación del ser humano, no puedes evitar sentir asco y odio.

Repito el cerebro no distingue si es ficticio o real, solo capta y manda ordenes de acuerdo a la imagen recibida y genera los químicos de acuerdo a lo que sientes, los cuales correrán por el torrente sanguíneo; son impulsos que forman y agrandan tus emociones. Cuando te metes dentro del drama, registras todo; algunas representan retazos de tú propia vida o de alguien conocido. Se convierte en una adicción al sufrimiento.

¡Tú eliges!; recuerdas que tú eres el piloto. – Todo lo contrario ocurre cuando vez algo gracioso y ríes por un rato. Te sientes relajada, el cerebro genera los químicos adecuados de la armonía y la felicidad... ¡Ves! él no distingue, por ende tus emociones reaccionan favorablemente ayudándote a vivir en un medio alcalino.

Las novelas y películas populares, No sirven para distraerte. Te sirven para mandar químicos inadecuados al organismo. Piensa esto... el actor cuando termina de grabar sigue su propia vida «el tiene que lidiar con sus propios problemas o químicos y hasta mueren a causa de sus representaciones, ejemplo, el payaso de la película de Batman» o inclusive ya han muerto o se están divirtiendo y ¿Tú cómo quedas? ríes con cara compungida y dices que tonta soy... si solo es una telenovela..., ya es tarde, se han corrido los químicos por la corriente sanguínea, has quedado tensa y tus músculos se han apretado y quedas en estado acido.

¿Prefieres continuar cómo estás? o prefieres iniciar con cambios paulatinos que se verán reflejados en una mejor calidad de vida, es solo un cambio de actitud, ¡no es difícil! te lo aseguro, tú elijes la fecha. Lo importante es tomar el control de tus emociones con pensamientos adecuados. La única beneficiada eres tú.

Mientras tomas la decisión, piensa en que los artistas, los famosos, seguirán sus vidas, ellos ni siquiera saben que tú existes, ellos no pagan tus cuentas, ni tus médicos, por el contrario tú les ayudas a ellos, contribuyes con tu dinero para que tengan sus estilos de vida y caprichos. ¿Tú en qué favoreces a tu cuerpo y a tu bolsillo?

Propongo

Mai Yuh Mah: La puerta del alma o del espíritu, mejora, expande y agranda los aspectos espirituales y materiales del amor

La mayor represión y atrocidad las ha cometido la Iglesia en contra de las mujeres, bueno a algunos hombres también les ha tocado parte del sufrimiento. Para colmo lo hacen en nombre de Dios, Cuando Dios es solo amor, me pregunto de ¿cuál Dios habla la iglesia? Ellos crearon un Dios castigador con serios conflictos contra las mujeres, o ¿serán ellos los que tienen conflictos?... sus almas están fragmentadas por eso no ven la unidad con todos los seres en especial con la mujer.

Uno de los rituales es el del matrimonio "ceremonia sagrada", la llaman y dicen lo que "Dios une ningún hombre lo puede disolver". Si es sagrado ¿por qué no lo ponen en practican ellos mismos? yo creo que debería ser algo natural entre ellos, ¿por qué no? así, se evitarían tantos sinsabores y malestar general. La misma iglesia se ha sacudido, los clérigos sucumben a sus propias sensaciones que a la larga les lleva a dañar sus mentes o nunca se hubieran atrevido a abusar de niños inocentes. Ellos no han podido sobrepasar sus propios impulsos... por lo tanto no son hombres que tengan el poder de cambiar tu vida, no lo han hecho, ni lo harán, son hombres de carne y hueso, no son divinos, Qué pensar que tienen dominio sobre millones de seres en la tierra. Ellos hablan de Dios acomodándolo a su beneficio, erigiéndose como guías incluso de tus problemas –Ellos no han experimentado ningún problema de los que afronta la mujer, o el hombre común, entonces si no tienen experiencia no saben a ciencia cierta cómo se desarrolla la vida cotidiana de las personas. Ellos siempre tienen que comer y que vestir, no todas las personas de este planeta lo tienen y lo que me molesta es su franca superioridad al no permitir que las mujeres lleguen a ser sumo pontífice, porque las consideran impuras. Todo esto llego a su fin.

Aclaremos conceptos: Recuerdas algún día cuando solicitaste consejo a un sacerdote, ese día saliste con mayor desolación. Son magos para hacer sentir mal a la gente que sale como ovejitas descarriadas y encima con penitencias... Manejan hábilmente el subconsciente haciéndote sentir pecadora, ignorante, débil, imperfecta, inferior, anormal e impura; que no has aprendido a tener paciencia y aceptar lo que manda Dios «el Dios que se han inventado ellos, por supuesto»

Lo de pecador nos lo han grabado en el subconsciente, ya que por siglos se ha escuchado y repetido una y otra vez y pasado de generación en generación.

Lamentablemente se cree en los sacerdotes y se acepta lo que dicen como una verdad, inclusive algunos los adoran, esto regocija únicamente sus egos.

Fíjate la dualidad de estos hombres, se amparan detrás de unas faldas «sus hábitos», con este hecho demuestran que saben del poder de la mujer y lo ostentan, solo que lo utilizan a su favor ¡que lastima que esto sea así!

Por ejemplo la iglesia católica proclama que solo hay una mujer bendita -La virgen María-, Han quitado y robado la divinidad a todas las mujeres. Ella es bendita ¡sí, claro!, Como lo eres Tú. ¡Sí!, tú y yo, todas. Todas las mujeres son/somos benditas y divinas.

Cuando vislumbres que tú eres divina... ellos perderán a sus fieles. Piensa por un momento ¿por qué será que llaman fieles a sus feligreses?... será porque las mujeres son fieles al sufrimiento, fieles a la tortura psicológica, creo que para ellos sería una tortura perdernos. ¡Quiero aplicarles esta tortura!

Millones de seres humanos, oran y rezan en casas, iglesias, templos, a solas, en reuniones en Bautizos, en Primeras Comuniones, Matrimonios, Sepelios o haciendo cadenas ofreciendo rosarios y plegarias, donde se ha dicho por siglos enteros, una y otra vez que hay una sola mujer bendita ya conocen la oración a la Virgen donde dice "bendita tú eres...

Del vientre de la mujer emana la vida. Todas son benditas y todas son puras al nacer. Qué gran error y horror, han robado nuestra divinidad. Cuando la iglesia corrija su error y omisión arreglando esa simple frase en la oración a la virgen y corrigiendo donde tengan que corregir. Revocando la carga que por siglos han obligado a llevar a la mujer con el cuentito de pecadora y que por nuestra culpa Adán fue expulsado del paraíso !Puuafff! - El concepto de hacernos sentir pecadores y culpables está mandado a recoger. Todo debe cambiar a partir de ahora.

¿Recuerdas las veces que obligas a tu esposo e hijos a asistir al templo o la iglesia? observa a tú alrededor en la parroquia o casa de oración y dime cuántos hombres están presentes,- la mayoría son mujeres ¿verdad? Entonces empieza por dar libertad ¿libérate? Comprende que la mujer está en igualdad de derechos. Mereces lo mejor, lo peor es que ninguna religión tiene en alta estima a la mujer. Ahora bien, imagina que tomas la decisión junto con todas las mujeres en no asistir a ningún templo hasta que ellos declaren públicamente su error. ¡Pronto el castillo se les derrumbaría!

Tal vez por las tradiciones familiares, te veras avocada a asistir a eventos religiosos, si estas alerta en el momento de repetir esa oración di: "Bendita tu eres al IGUAL que todas las mujeres"

Sé qué habrá un gran cambio en las mentes de todos, en especial de la misma mujer al reconocerse como igual a la virgen en virtud y honor. Todas son únicas e inigualables comparte el lugar que te corresponde en igualdad de derechos. ¡Que todas las mujeres son benditas! debe ser proclamado a los cuatro vientos.

Bendícete abiertamente eres una creación fantástica, el complemento perfecto del hombre. Entre los dos procrean y dan vida a otro ser ¡los dos son divinos!

¡Yo Propongo Iniciar un Movimiento Silencioso! Un levantamiento firme y con clase; todas unidas en un solo concepto la recuperación de nuestro poder, entendiendo que todas las mujeres acopladas, podemos hacer la diferencia bendice, respeta y ama.

Primero: toma la decisión de no ir a templos, hasta que la iglesia restituya el honor de la mujer ante la sociedad.

Segundo: pasar la voz a tus conocidas. Será un movimiento sin carteles ni manifestaciones, lo mejor es enfocarse viendo el cambio de actitud en ellos «las iglesias y sus dirigentes», verlos evolucionados, restableciendo la divinidad femenina públicamente.

¿Porque lo propongo?

Les haré el relato de la forma como ha venido adoctrinando a través de estos siglos; así, creo que me comprenderás mejor y podrás tomar la decisión adecuada. Digamos que naciste bajo el rito católico «los hijos siguen los pasos de los padres» primero fuiste bautizada, con la intención de que entres al reino de los cielos y que quedes libre de pecado, para poder ser llamado hijo de Dios, pasan los primeros años hasta que llega el momento de prepararte para la primera comunión, para este rito tienes que pasar dos años asistiendo cada sábado a catequesis donde aprendes oraciones y todos los sacramentos; es en esta preparación consciente te recalcan que Jesús murió por tus pecados, te enseñan que la comunión es el medio para redimirte del pecado y que la confesión es un paso necesario para quedar libre de pecado, «bueno, hasta la próxima confesión» nunca informan cuando una persona queda realmente libre de pecado, y, no lo dicen porque esta es la forma en que te sujetan a ellos. ¿No que con el bautismo estabas libre de pecado? parece que No. Entonces asistes a misa una vez por semana «algunos van todos los días» eres como un conejito de indias, te suben y bajan emocionalmente, te hacen sentir culpable y pecador para que corras a confesar todos tus pecados y que confíes en ellos.

Ellos se han auto nombrado representantes de Dios en la tierra. Te doran la píldora, te hablan de un Dios que te ama y cuando les conviene convierten a Dios, en un dios iracundo, te colman de miedo para que acudas a ellos, te dicen que ellos interceden por ti y que tus suplicas llegaran a la Virgen María porque a través de ella se llega al hijo, para que su hijo Jesús, acuda a su padre «Dios» y le pida por ti y te ayude a liberar del pecado. Han creado una cadena de intermediarios para poder comunicarse con Dios «parecen un banco con sucursales». Mantienen atados a los feligreses para que depositen sus donaciones o el diezmo. Mientras, ellos se van enriqueciendo.

Para mí. **El diezmo es el 10% de tu tiempo diario que le dedicas internamente a Dios, estando en**

comunión con él. Sin intermediarios, es gratis y además obtendrás absolutos resultados.

Sigamos; suma otros años hasta llegar al sacramento de la Confirmación, en esta celebración reconfirmas tu fe, por si la has olvidado, recordándote los sacramentos y la confesión que es importante para vivir libre de pecado «la preparación también dura dos años». Entre confesiones y culpabilidad, más la imposición de tu familia de llevarte a la iglesia, llegas a edad adulta, te enamoras y decides conformar una familia, sigues las tradiciones familiares, decides casarte por la iglesia y para hacerlo tienes que reunir los requisitos de; Bautizo, Primera Comunión, Confirmación y Confesión... Si te vas a vivir en unión libre no es visto como una unión bendecida por Dios, así, transcurre tu existencia entre ritos y culpabilidad hasta que te enfermas, llega el momento de partir de este plano – Y como No has tenido suficiente vida para pagar tu pecado ya que para ellos "la muerte de Jesús no fue suficiente para liberarte" ni todos los sacramentos que has realizado a través de tu vida que te sientes tan pecador que llamas a un sacerdote para que perdone tus culpas y te libere de tus pecado y así poder morir en paz... no quieres que tu alma quede vagando sin rumbo fijo y vaya al purgatorio, por esta razón te dan el sacramento de la Extremaunción.

Aunque hayas seguido paso a paso todos los sacramentos y las confesiones nada parece que ha valido la pena, porque ni así, te liberaron del pecado. Como si fuera poco, quedan los dolientes realizando el novenario y pagando por la liberación del alma con misas de los nueve días, la del primer mes, la del segundo o la de los seis meses, etc. hasta llegar a la del año... o hasta que otro doliente se muera y viene la misa por las dos almas, perpetuando esta cadena interminable, recuerdo que antaño los sacerdotes no cobraban por estos servicios, hoy en día si.... Para mí todo es un gran engaño... ¿No te parece? La iglesia sabe que el alma es eterna, si no fuera eterna... nunca "dirían que brille la luz perpetua"... ¿Cuál es el significado de "perpetua"? - algo sin fin ¡Humm! medítalo. Asistir a misa pagándolas por tus queridos difuntos, es un negocio que lucra a la iglesia y no al difunto ni a su familia, es mejor no tener transacciones con la iglesia a lo posible.

No obligar a nadie a concurrir al templo, ni asistir a ningún evento que invite la iglesia «bazares o ferias» no dar donaciones «muchísimas fundaciones harían un mejor uso de ellas», si deseas orar puedes entrar a los templos vacios o hacer uno en tu casa, yo no quiero que pierdas la fe, ¡oh no! Si Dios es lo primero, solo quiero que las religiones no te refuercen los apegos que te han forjado de falsos conceptos que ellos mismos han sembrado. Cada vez que haces el signo de la cruz te crucificas y ratificas la supremacía de la iglesia.

Lo ideal es que te comuniques directamente desde tu corazón a tu Dios, partiendo del hecho que él ya sabe todo de ti, entonces no tienes que explicarle nada, la que decide que va ha hacer con su existencia eres tú misma, lo que debes hacer es generar la conexión con tu dios y decidir qué papel quieres desempeñar en el área espiritual entonces le comunicas tu querer: ejemplo: quiero ser una luz para mi familia y amigos, no olvides que Jesús fue un ser maravilloso que vino a enseñarnos como amar.

Depende de ti descubrir la energía del Cristo que está en tu interior. Jesús, nació, vivió, murió y resucitó, para enseñar que cualquiera lo puedes hacer ¡Jesús es solo amor!, ¿Quieres bajarlo de la cruz por favor?, la iglesia lo ha colgado para que haya más enfoque en el dolor y no en la grandeza de sus enseñanzas. Él fue igual a ti, solo con su auto disciplina él transcendió a su tiempo.

Tú puedes hacerlo también empezando por cambiar internamente las actitudes que no te gusten de ti misma y dejando de culparte permitiéndote ser un ser de amor.

Que distinto sería que nunca hubieras escuchado las palabras "pecador" y "culpable" tal vez sería otra la historia de la humanidad. Aplica el "libre albedrío" haciendo un acto de conciencia, encauza tus pensamientos y borra lo sembrado erróneamente, ya que en el subconsciente está la base de los pensamientos y los pensamientos son los que influyen en el desarrollo de toda tu vida.

Dios es amor, es equidad y no debes bajo ningún concepto aguantar ultrajes de nadie. ¡Dios es solo amor! Él está dentro de ti y tú eres tan hija(o) suya(o) como fue Jesús. Esta discriminación llego a su fin, yo los perdono no queda de otra.

Perdónalos también es hora de iniciar con tu nuevo yo; engalanado en dignidad, honestidad, bondad, perfección, pureza, divinidad, belleza, juventud; aprendiendo a vivir en felicidad y abundancia. Estos atributos son tuyos, te pertenecen. ¡Recupérate y recobra tu divinidad!

Me atrevo a proponer que no uses el signo de la cruz en forma automática, solo cambia el movimiento de las manos tocándote la frente y el centro del pecho, pon la mano en la frente di: Dios de mi ser «Dios en mi» protégeme y encausa mi percepción y fortaléceme. Al tocar el pecho puedes decir: tu amor infinito fluye a través de mí, has que mis acciones sean benditas. Quédate un momento sintiendo que la verdad brota de ti. «Nunca más vuelvas a decir dándote golpes de pecho por mi culpa y por mi...» esa oración está totalmente equivocada. El ser humano se hace mucho daño al hacer esta afirmación dándose golpes de pecho, este simple hecho causa inseguridad y congoja, lo peor es que la glándula timo se va encogiendo, disminuyendo la longevidad entonces, envejeces más rápido.

Para revertir el daño, date ligeros golpes con los dedos de tu mano en el centro de tu ser «en el pecho» y te dices ¡soy divina!, ¡soy hermosa!, ¡soy poderosa!, ¡estoy sana!, ¡soy feliz! y siente como te vas reconfortando día a día, así reanimas el timo y al fortalecerlo, tu cuerpo se verá saludable y rejuvenecido.

El amor es la voluntad divina que da poder e impulsa a obrar correctamente, da el aliento de vida, es la fuerza poderosa que activa la grandeza espiritual y por ende lo material.

No estoy en contra de Dios, ni de Jesús, ni de María y sus Santos los amo a todos, como te amo a ti. Ellos ya se han ganado su lugar en la historia... la iglesia simplemente los utiliza. Tampoco estoy en contra de la oración, está es eficaz en la medida que se afirme y proclame con fe. Dios ya ha escuchado y colmara tus expectativas, ten confianza en Dios, pon tus sentidos y has tu afirmación personal, piensa que ya es un hecho. ¡Crea tu propio destino! "escribe tu nueva historia en igualdad de derechos reconócete plenamente como ser divino. Enseña libremente este conocimiento. Descúbrete a ti misma y pide una guía interna si no tienes claro qué has venido a hacer.

El Perdón

∞

Símbolo del infinito: El perdón es la fuerza mayor que conduce a la libertad real en el ser humano. Dispersa los dolores y sana. Movimiento energético sanador, desde el centro hacia la derecha, dispersa la enfermedad o corrige la parte dañada del cuerpo o de cualquier situación.

No está ligado al pecado solo es una dispensación o cancelación de un contrato que se hace con otra persona, si ella está en tu camino es porque en algún momento se pusieron de acuerdo para llevar a cabo... algo... que iría en beneficio de las partes implicadas... si cada uno aprende y comprende que todo es un aprendizaje será más beneficioso para las dos partes, corrige lo que tengas que corregir, y perdona, perdónate y perdona a los otros. Será maravilloso para tu espíritu. Así sabrás realmente que es vivir en libertad y alegría.

No Eres Pecadora

幸
力

Koriki: El símbolo de la felicidad. Está formado por los caracteres Kanjis: Fuerza y Felicidad. El símbolo Koriki es ideal para utilizarlo en personas que padecen estrés, depresión o simplemente con el ánimo bajo. También es un símbolo excelente para tenerlo colgado de una pared, ya que irradia paz y felicidad.

Tómate un momento de tranquilidad, relájate, vamos a poner la casa en orden. "No más mártires dolorosas por favor", las cosas que hicieron o que dejaron de hacer son ya parte del pasado.

Cuando recobres tu "POTESTAD" nadie volverá a pisotear tu imagen, ni herir, ni abusar, ni nada te dañara ¡Nada es nada! tus acciones estarán basadas en cimientos sólidos de amor, dignidad, valía, compasión, ternura, alegría, honestidad, responsabilidad y valentía. Haremos un mundo mejor. Por lo general cada vez que una mujer quiere hacer algo lo hace con equidad y con amor, la ternura está implícita en la mujer.

No crees que la iglesia perdería todo poder incluso sobre los hombres. ¿Dime quién crees que tiene más poder?; el Papa y los qué dirigen las religiones. O una mujer en equidad ofreciendo paz y amor a su familia. ¡La mujer por supuesto! y cuando a la mujer le llegue el momento de vivir en pareja encontrara un ser especial e iniciara una unión basada en amor y respeto, permitiéndose ser cada uno, siendo co-creadores en unidad y a la vez conservando su propia individualidad. Yo creo que la mujer y el hombre común ganarían sobradamente y se beneficiarían a sí mismos.

La Iglesia ha abierto la mayor brecha entre el hombre y la mujer, ejercen el poder a su libre antojo. Yo creo que el deseo de poder de la iglesia y la carencia de la humanidad de no saber amarse a sí mismos, es lo que creo una necesidad y por esa insuficiencia es que nos todas las iglesias manejan y subyugan a los pueblos; les gusta que haya pobres para poder sentir que son bondadosos. En el pasado abrían escuelas para continuar con su labor de evangelizar al pueblo, no demasiadas, porque muchos recibirían educación y podrían empezar a cuestionarlos.

Abrían hospitales, pero era ¿por ayudar o por negocio? Creo que por negocio, ya que se han unido a las aseguradoras y los laboratorios. Dan un poquito; solo lo justo así sus feligreses no tendrán fuerzas para luchar; crearon una consciencia de escases y limitación, por ende las personas se cargaron de baja autoestima por eso la gran mayoría de la gente común se la pasa sobreviviendo, no se les enseño otra cosa.

Quiero recalcar el hecho en saber utilizar tu mente aplicando los pensamientos y visualizaciones concretamente, se especifica, sueña en grande y ten certeza absoluta. Tú eres merecedora de milagros, los milagros son simples manifestaciones de una mente entrenada. Harás que te sucedan a ti y podrás cambiar el mundo de tu familia y el tuyo, serán auténticos milagros.

"Todos tienen el poder para conseguir sus deseos, vivimos en un universo ilimitado" la iglesia lo sabe, aunque lo manejan para su propio beneficio, ellos siempre han tenido educación y acceso a los libros sagrados. Incluso en tiempos antiguos en el concilio de Nicea los altos mandos jerárquicos, cambiaron partes de la Biblia colocando pasajes a su conveniencia, ósea que la Biblia que se lee actualmente no es la original. No quiero desconocer que existen sacerdotes caritativos que entran a la iglesia con el afán de servir a sus semejantes y justamente a ellos los envían a los lugares más apartados de la civilización.

Establezcamos para siempre una conciencia basada en:

"El AMOR, LA VERDAD, LA SABIDURÍA, El RESPETO, LA DIGNIDAD, LA HONESTIDAD Y LA TOLERANCIA"

¡Tú eres grandiosa y maravillosa!, ¡todos son/somos grandiosos!

En tu vida has obtenido VIVENCIAS Y EXPERIENCIAS que te han llevado a ser, lo que eres ahora, si no existieran esas circunstancias, no tendrías el conocimiento de las cosas incorrectas y no podrías enseñar o impartir consejos en base a tu experiencia. Un punto importante es reconocer a partir de ahora que eres responsable por todas las cosas que harás, ya no podrás culpar a nadie.

Ten claro que las VIVENCIAS y EXPERIENCIAS de vida al perdonarlas te conducen al diálogo directo con tu ser interno, con tu espíritu, tu alma, la luz, la fuerza vital, el todo, Dios – Tú Dios «o como lo llames» Pon tu fuerza de voluntad, vas a ser la única beneficiada al poner manos a la obra, tu Dios te ayudará para dirigir tus acciones y pensamientos adecuadamente.

Te propongo

Que te enfrentes por última vez a situaciones específicas de aquello que hiciste o te hicieron. Sé que estarán implicados amigos, familiares o desconocidos Puede que él/ella/ellos estén muertos no importa, ellos están vivos en tu mente y de ahí deben salir. Has una lista con el nombre o una palabra clave que identifique el hecho que te dejo marcada. Ahora corregirás esa situación dándole un nuevo marco de pensamiento cambiando mentalmente la situación e imaginando como te hubiera gustado has de crear una nueva versión de tu vida mejorada un ciento por ciento, como un guion de película. Sé que cuando te enfrentes al hecho, este, no tendrá más dominio sobre ti.

El primer paso "la acción"

Para sacar una emoción guardada; ten mucho papel, si cruje es mejor ya que este papel lo romperás o arrugaras a medida que se desarrolle la escena «en tu mente», deja fluir tus emociones recordando ese episodio. Sé que vas a revivirlo de nuevo. El papel representara esa persona o hecho, te dejas invadir de rabia y luego empiezas a romper el papel como si estuvieras desintegrando ese hecho, rápidamente o lentamente lo trituras, lo rompes, lo despedazas y lo enfrentas, como, si tuvieras a esa persona(s) frente a ti, con la cabeza en alto, con valentía y en voz alta di:

Yo... «Di tú nombre»... Me enfrento a ti... «Nombre o podo de la otra persona» Escucha... -¡A partir de ese momento, yo reclamo mi paz interior, me dejaras en paz! - ¡No te permito, que vuelvas a hacerme daño ni siquiera en pensamiento ¡no lo permitiré!, a medida que sigas, rompiendo el papel» deja salir tu enfado y continua -Escúchame claramente porque no lo volveré a repetir. ¡Ni tú ni nadie abusará de mi nunca más! «O pon lo que tengas que decir» ¡Nunca, más volverás a molestarme. No existirás en mí, ni siquiera como un mal recuerdo. Este hecho murió para mi ¡Se acabo – Punto! Si tienes un lugar adecuado quemas el papel, sino lo pones en la basura allí queda también el recuerdo. Con esta acción liberas tu ser de esa acción. Así sucesivamente lo puedes hacer con todos los verdugos que están en tu interior y que tú conoces bien.

Segundo paso entendimiento

Recapacita, él, ellos, ellas tenían sus propios conflictos personales. Sus historias y problemas a resolver; míralos como lo que son, seres humanos viviendo sus propios melodramas, también están aprendiendo algo y representaron algo... para ti, busca porqué llegaron a tu vida, que pensamientos alojabas y cuál fue el aprendizaje que te dejo, por ejemplo, tal vez era aprender a perdonar de corazón, o tener más confianza, etc., de ti depende encontrar esa enseñanza para conservar como experiencia y sabiduría.

Mira, se lógica imagínate algo tan simple un pequeño conflicto entre tú y otra persona, tú la detestas y cada vez que la recuerdas te hierve la sangre, ella también te condena por supuesto, si esa persona se llegará a enterar que tú vives amargada y que vives detestándola... La persona se pondrá feliz por tu desventura le darás placer al saber que aún sufres por su causa. No vale la pena perder el tiempo así. ¿No te parece? Más bien utilízalo a tu favor pensando en lo que realmente quieres.

Tercer paso el de la compasión

Ahora viene la humildad y es el acto del perdón: le dices que lo perdonas «con sentimiento verdadero, deja fluir tu amor», dile que le permites ser, que lo liberas de ti y tú misma te perdonas y te liberas de esa situación. Empréndelo con alegría quedaras libre de toda agonía.

La Culpabilidad

Jummo: Es un símbolo tibetano que desarrolla el anhelo espiritual y se usa principalmente en las iniciaciones.

Un hueso duro de roer, ya que solo sobrevive en tus pensamientos. ¿Sabes en cuantos momentos has actuado inadecuadamente y atentando contra ti misma? es importante limpiar mentalmente el concepto que tienes de ti y perdonarte.

Por ejemplo, en el caso de los abortos clandestinos, existen lugares que no tienen mínimas condiciones de higiene, dañan a mujeres que mueren por esta causa o las mandan directo a un hospital porque se presentan complicaciones de última hora, en esos lugares las hacen firmar alguna forma donde la mujer asume la responsabilidad por y ante cualquier hecho, si es prohibido y llega la policía, las pueden llevar incluso a la cárcel. Ya sea en la prisión o en un hospital termina toda la familia enterándose y precisamente de ellos querían ocultar el hecho.

Digamos que en el país donde viven es permitido y sus cuerpos responden. Pero, ¿qué pasa con los sentimientos?... Por lo general la mujer empieza a culparse por no haber tenido valor para tener su hijo y lamenta esa decisión que tomo cuando era joven... hasta empiezan a imaginar si sería niño o niña, a pensar cuantos años tendría y llegan en pensamientos a los nietos imaginarios y reconstruyen ese echó casi a diario. En fin... el tiempo no tiene marcha atrás, eso es lo que se debe comprender aplicando el perdón.

Si llega a ser tu caso, es momento de parar, es demasiado el daño psicológico que te haces, nadie te juzga, ni te recrimina la única que lo hace eres tú, es más, nadie lo sabe. Temes al qué dirán y lo ocultas como el peor delito de tu vida. Tú Dios si lo sabe, a él nada le ocultas, él no te condena, él te ha permitido vivir, él solo sabe amar. Si no te amara hace tiempo que no estarías aquí.

En los países donde la iglesia tiene más dominio; prohíben el aborto, creando así, una gran pesadumbre mental, llenando de culpabilidad y congoja a la mujer, consiguen pecadoras y más fieles devotas de su propio sufrimiento; yo diría que a las religiones no les conviene que dejen de haber culpables. Si la iglesia no hiciera tan bien su papel dañándote psicológicamente, tú no repartirías lamentos y acusaciones a diestra y siniestra recriminando también a tu pareja, a tus padres haciéndolos sentir culpables convirtiendo sus vidas y tu vida en un infierno. Me gustaría que realmente comprendieras que no has perdido nada, no puedes retroceder el tiempo, recuerda que el espíritu y el alma son eternos no los pudiste matar, simplemente renacerán en otro cuerpo.

En una enseñanza que recibí en relación al aborto y los sentimientos que generan afianzando la anulación de la mujer. Entendí que es igual a cuando te quitan un pedazo del cuerpo, ejemplo un dedo, una mano etc., pregunto ¿si te quitaran un brazo es pecado? Pues no. Solo es una parte; me explicaron, que cuando se fertiliza un ovulo el alma y el espíritu descienden y toman posesión de él, por eso nacen con vida, o si no, serían una masa inerme como un tumor. Cuando por alguna circunstancia un aborto es inducido, o por razones medicas tuvieron que practicarlo o fue un aborto espontáneo, en todos los casos el alma y el espíritu se van pues son eternas, nadie las puede matar ellas simplemente siguen existiendo, ya conseguirán otro cuerpo donde puedan nacer, inclusive pueden ser la misma alma y espíritu posesionados en tú segundo hijo, o en el hijo de tu hijo o en el hijo de tu hermana, el alma y el espíritu nunca mueren y generalmente utilizan los mismos vínculos familiares para nacer.

La Iglesia lo sabe recuerda lo que dicen cuando muere una persona "que brille para él/ella la luz perpetua" ¿por qué crees que lo dicen? Porque el alma es perpétua. El alma y el espíritu tienen en el cuerpo su vestido con sus propias funciones, toma años para crecer, ¿qué lo hace funcionar a la perfección? La parte divina llamada Dios o energía que son parte de un todo, es la santa trinidad Dios, Alma y Espíritu. Ahora bien, si el alma y el espíritu toman posesión de un cuerpo y ven que ahí no tienen todo el potencial para crecer espiritualmente, simplemente abandonan el cuerpo «hacen uso de la ley del libre albedrío» y la ciencia lo llama "muerte súbita", ellos no tienen claro del por qué ocurre de esta manera.

¿Cómo saber si es verdad? tú misma puedes preguntar a tu ser interno, en momentos de plena comunión y tranquilidad, él te dará la respuesta; solo necesitaras un poco de práctica, estar atenta para percibir la respuesta. Puedes sentirlo, es lo mismo que cuando alguien te está engañando, tú lo sabes instintivamente.

Ante la iglesia las mujeres son como ovejas que han esquilado, van agachadas aceptando el peso de la culpabilidad. Las Iglesias han hecho el trabajo magníficamente, llevan siglos haciéndolo sin que los cuestionen. Bueno, ahora es diferente definitivamente espero que los cuestiones... En base a esta explicación: ratifica tú amor hacía ti misma, perdona a todos y todas, - ¿por qué?- «el perdón es dar por terminado un contrato, no es por ser pecador».

Luego permítete ser. Mira, tal vez en ese momento no tenías otra opción, o eras muy niña y no tuviste fortaleza, o simplemente tenías que pasar por esta situación para tener un conocimiento preciso y ser la luz para otro ser al reconfortarlo con tus consejos y apoyo incondicional.

Cuando metes el dedo y te quemas en una vela, no lo vuelves a hacer, sabes el dolor que te espera; eso es aprendizaje, es conocimiento; si lo vuelves a hacer es tu elección personal.

Deja partir el dolor, suéltalo, no te hará más daño. Lo mismo has con los fantasmas del pasado, puedes llorar..., puedes gritar..., la realidad es que solo están vivos en tu mente, y los alimentas cada día de tú vida. Te pregunto ¿donde están?

Si, sientes ganas de correr, de gritar, pues simplemente hazlo, fue una mala película, y está pasada de moda; ahora te pertenece analizar el guión, ¿qué te ha enseñado?, ¿qué has aprendido de ello? Es un momento para enfrentarte a las actitudes que crearon todo esto, tal vez culpaste a otros o a la vida o a Dios, ahora que lo entiendes... deja ir esos pensamientos, suéltalos, dales la libertad, ¡estas libre! ¡qué maravilla! eres libre para siempre.

Después de perdonar, veras a la persona que hizo daño desde un ángulo muy diferente. Tal vez te enseño y demostró que no eras sincera y abierta como pensabas, o te mostro lo desconectada que estabas de Dios –tú Dios. Recuerda que el perdón trae tranquilidad, trae empatía, trae comprensión y te saca fuera del diálogo interno de culpabilidad y remordimiento y el odio cede. «El odio es el sentimiento que hace despertar al cáncer» Te aseguro que lo único que vas a perder, es el dolor de tus traumas del pasado ¿Será que perderás mucho? ¡No!, no lo creo.

El Gato Y El Ratón

Guía: Te propongo jugar, "al gato y al ratón", ¿recuerdas que lo jugabas cuando eras niña? - Imagina que tú espíritu o Dios, el que sabe absolutamente todo de ti. Tú Dios en este juego estará representado por el gato; el gato será el observador alerta de los pensamientos errados que vienen a tu mente. Tus pensamientos errados serán como un ratón que se debe casar.

El juego consiste en estar alerta a tus pensamientos de dolor, de frustración, de ansiedad, de amargura, de pesar, de duda, de celos, de miedo, de odio, etc. Son ratones saliendo de su madriguera y cada vez que sientas malestar, sabes que ahí andan merodeando y entonces el gato que está al acecho, «tú voluntad» ¡Zas! salta y los atrapa, los devora, los desaparece; así poco a poco redireccionas tu pensar. También puedes adicionar un acto simbólico, recurre a los que he expuesto, o puedes con tu mano hacer como si los cogieras saliendo de tu frente y haces el ademán de botarlos lejos de ti... debes estar a la expectativa de ir cazando esos pensamientos y sentimientos que en definitiva son los carceleros de tu alma y son insanos.

Tú los has dejado crecer y no te dejan vivir; es tú tortura. Es tiempo de salir libre, de liberarte y, la mejor manera vuelvo y repito es perdonando a todos, luego déjalos ser y permítales ser. Es así como llega la calma y la tranquilidad. Ya que la paz y la serenidad es la búsqueda suprema del ser humano. También existe una verdadera satisfacción en ayudar a otras personas, así que sal de ti y asiste a otros, recibirás extraordinarias bendiciones.

Qué Suerte

Raku: Rayo, limpia el karma, permite al cuerpo físico conectar con la energía Reiki.

Cuando pasas de un instante a otro entre el pasado y el futuro, se crean una cárcel virtual, ¿eres tú carcelera? Y tal vez no lo has notado, es la hora de vivir en libertad.

Imagínate este pasaje

Estas frente a un arroyuelo, ves como corre el agua limpia y cristalina, tienes sed y quieres beber, te agachas y con cuidado recoges un poco con tus manos la llevas a tu boca y beberás tranquilamente, todo fluye en armonía y limpiamente así es la manera como debe operar la vida cuando todo está bien, todo fluye por su cauce. Dime qué pasa cuando por apresuramiento o aturdimiento metes las manos hasta el fondo y revuelcas el agua, ésta, queda llena de lodo... no la puedes beber, no te sirve para saciar tu sed. Eso mismo pasa cuando vas a tu pasado nefasto... No hablo de esos bellos recuerdos que reconfortan el alma. La mente en su empeño por estar en el pasado o por tratar de detener el río, deja pasar la simple verdad del momento que, "nada es estático todo fluye" y tú eres parte de ese flujo. El pasado es un retroceso a ese instante un recordatorio de dolor perenne, lloras y maldices a otros seres y a ti misma por haberlo permitido. Crees que eres víctima de las circunstancias pues es más fácil culpar a otro y seguir siendo víctima tal vez por el resto de tu vida. ¿Sabías que esta actitud es egoísmo puro? ¡Sí! egoísmo, solo piensas en ti... dejas de lado a tu espíritu y olvidas la caridad.

Los ascendentes genéticos de tus padres, el entorno donde creciste y las vivencias propias; son los que han formando tu personalidad. Es la línea frágil que te atrapa y te mantiene sujeta. Percibiendo lo que te afecta, puedes cambiar y forjar tu nueva personalidad, basada en actitudes correctas; si lo has creado también lo puedes cambiar aplica **la ley del libre albedrío**.

Cree en ti misma se que puedes hacerlo. ¿De dónde viene esta creación?, ¿Por qué no puedes ser feliz? la respuesta está en que tipo de pensamiento exacto pones en tu mente, en que ves, en que hablas, en lo que afirmas «decretos» lo que das; recuerdas las veces que has recreado y visualizado tu pasado, estando esclava y adicta al sufrimiento» lo construyes todos los días. ¿No te sientes mal... por pensar que estas mal?, ¿estás cansada? Reconsidera la posibilidad que tu alma es en verdad eterna, y el ego «que viene de egoísmo» es el carcelero que te hace purgar una condena, los pensamientos te pueden deshonrar ¿qué hay en ellos que sea tan terrible? son pensamientos erróneos profundamente arraizados y crean ansiedad por un futuro que no ha llegado, pero, lo puedes convertir en realidad atrayéndolo a tu vida.

- Por ejemplo: Piensas que puedes perder a un ser querido..., o que va a suceder algo... ahí es el momento de poner un alto a tus pensamientos, si no los corriges puedes hacer que un día suceda; entonces con voz triunfante vas a decir ¡ya sabía que iba a pasar! Pues, claro que pasa ¿quién lo creo? solamente tú. Adicionalmente te sientes mal, los pensamientos erróneos te roban la energía.

- Aprende a imaginar lo mejor de lo mejor, visualízate alegre, feliz, mira la perfección en todos y a tu alrededor. Veras que te suceden cosas agradables que redundaran en bienestar para ti misma, utilizas el mismo tiempo es idéntico al que usas cuando vas al pasado, es mejor usarlo reconstruyendo tu nueva perspectiva de vida.

- Con enfoque consciente de lo que quieres; sin divagar en situaciones melodramáticas lo conseguirás. No perderás el sueño, te verás hermosa y descansada, sonreirás fácilmente lo único que perderás es el mal humor, tu vida estará en armonía. Solamente ejerciendo control sobre tu mente.

Guía: Un acto simbólico: toma un puñado de arena; di: este pensamiento de... se irá de mi mente... «Solo tú sabes cual es» vótalo al viento, al terminar de pasar toda la arena, subes la mirada y te quedas con la vista fija en las nubes sintiendo cómo lo alejan de ti. Dónalos al viento a las nubes; con el tiempo vas a empezar a sentir que esos pensamientos se eclipsan, son llevados lejos de ti. Toma la determinación de iniciar una nueva vida en paz y tranquilidad.

Crees Que Estas Sola

Gnosa: Iluminación y sanación planetaria. Gnosis, refuerza la conexión con nuestro Yo superior, incrementa la conexión de nuestra conciencia con el cuerpo físico, incrementa el conocimiento de los niveles dimensionales del ego

Una de las cosas que se olvida generalmente es que "Eres parte del universo" y todos tienen sus propias experiencias, sentimientos y pensamientos que se interconectan con los tuyos; se llaman "conciencia colectiva", por lo tanto, todos son artífices de la creación, son co-creadores, a muchos les cuesta creer que son los creadores de su propia realidad, pregunto, ¿quien creó los aviones, las casas, tu ropa, tu auto? ¡Una persona por supuesto!, todos los lujos que te rodean han sido creados por alguien, todos habitamos el mismo planeta; Dios «la luz, la energía, el vacio o como le quieras llamar» Es una energía creadora que inicio el sistema solar, apareció el hombre y desde ese momento, el hombre ha sido participe directo de la creación construyendo o destruyendo.

El hombre por naturaleza es constructor y le gusta ayudar, por eso es reconfortante auxiliar a otras personas en apuros, en esos momentos se vuelven dadores, la esencia misma de Dios.

Es mejor ayudar no vivir por otros, el sentimiento de que ninguno de tu familia sufra, ni tengan traumas, es muy noble y en el caso de los hijos a veces los padres se extralimitan y no les permiten tomar sus propias decisiones, enséñales a ser responsables de sus acciones, Ellos deben tener claro que cada determinación que tomen, traerá consecuencias ya sean agradables o no para sí mismos y para otros. Enséñales a dar y permítales ser, edúcalos para que sean tolerantes que es la mejor forma de dar. En el dar y el permitir está representado el amor incondicional.

Te preguntaras ¿Cómo podrías saber si estoy actuando correctamente? Primero acalla tus pensamientos y permítete sentir paz y quietud, para entrar en tu interior – No necesitas recurrir a meditaciones largas o postrarte de rodillas ante nadie; respira profundo y lleva la respiración hasta tu estómago por unos momentos, ve aflojando todos los músculos hasta que te relajes... ¡entraras en tu interior! Y en ese momento le preguntas a tu ser interno si estas obrando en consecuencia.

Pon atención a la respuesta que te dará. Tu mismo cuerpo responderá. Empieza un Juego con tu cuerpo, como si fuera otra persona y pregúntale que sentiré... cuando la respuesta es afirmativa o que sentiré... cuando es negativa.

- Cuando sientas malestar en alguna par5te de tu organismo es algo que no anda bien, pregunta nuevamente para corroborar la respuesta. Recibas la respuesta, ya sea en una imagen o un pensamiento y cuando ya te vuelvas experta podrás oír una voz, distinguirás claramente que no es la tuya.
- ¿Si, sientes tranquilidad? es porque todo está bien y es la respuesta positiva.

El sentido interno que todos llevamos dentro es una brújula infaliblemente. Recuerda eres el piloto y comandas tu propia nave.

Las Nubes

ॐ

OM: El universo como unidad funcional, sonido de la creación, representa los tres procesos de la vida, preservación y destrucción. Ilumina, purifica y protege conectándonos con los dos polos de la divinidad. La creación ya manifestada, por ser el sonido creador controla las manifestaciones o fenómenos naturales, limpia, estabiliza y sella el aura.

Las nubes son maestros. Obsérvalas; nunca están estáticas, ni se aferran a nada, son libres. Se remontan alto sin ser orgullosas y bajan al suelo con toda humildad, no pierden su esencia, desaparecen y vuelven a aparecer juegan con los rayos del sol, se visten de dorado al amanecer y al atardecer se visten de violeta irradiando destellos de ensoñación.

Cada vez que se descomponen regalan una dulce visión del arco iris, que, muestra sus galas de colores, «no puedes evitar una sonrisa» es un soplo de vida. Las nubes juguetean, danzan van a través de ríos, cañadas, valles y montañas, se acoplan al viento... de él sacan su fortaleza; con sutileza se evaporan, en danzantes formas se mecen, son volubles, se reinventan a sí mismas, viajan millas deleitándose con mitológicos secretos. Oscuras anuncian un temporal, vierten sus aguas sustentando la vida para desarrollar la especie hace crecer los alimentos. Las nubes son valiosas piezas de una pintura, creada en el inmenso lienzo del cielo azul, que, majestuoso e imponente se extiende como manto nocturno en contraste permanente con las exuberantes, brillantes, y centelleantes estrellas, únicas en verdad. ¡Maravillosas, únicas! son... como las mujeres; ¡Si las mujeres son/somos únicas y mágicas! recuérdalo, nunca, nunca lo olvides.

Recomendación: cuando sientas tensión, sube los ojos hacía las nubes... deja que tu mente se fije en ellas... notaras como traerán tu paz, entonces deja volar tu imaginación recibirás mensajes en sus formas, aprende a descifrarlos. Las nubes y las estrellas fueron creadas con el propósito de ayudar y reconfortar; levanta tus ojos en las noches estrelladas y pon tus sueños en ellas... te ayudarán, son sedantes naturales, son catalizadoras de tu imaginación

Entendiendo A Dios - Tú Dios

大
亽
兀
囗兕

Dai Ko Myo tradicional: Sol y luna. Año/día y mes, representan las dos fuentes naturales de luz. Significa Iluminación, en conjunto la "Gran Iluminación". La "Gran Claridad Brillante". Cuando ves no necesitas pensar. Todo es evidente. Conecta con lo sagrado.

Por aquello de la costumbre, es más fácil para mí llamarle ÉL, «aunque también es ella, porque ÉL/ELLA son la esencia misma» por lo tanto seguiré la pauta de llamarle ÉL, que es más cómoda para mí y algunos.

Te preguntarás por qué no hay suficiente claridad; si se dice que el hombre y la mujer han sido creados a imagen y semejanza de Dios y Dios es todo, entonces, ¿qué es Dios? Bueno Dios es la esencia en UNO, es lo permanente e invariable de las cosas, es el principio fundamental de la composición de la materia, es el sonido y el silencio, es la energía misma, el vacío eterno, es la nada, es la luz, es el todo y todo él eres tú.

Sin embargo lo han singularizado como un anciano con cabellos blancos y barba larga que está lejos, muy lejos de ti «cosa que no es cierta», él está en ti, dentro de tu ser, es la naturaleza misma de tu ser.

Debes comprender que Dios – Tú Dios, no es instantáneo, se toma tiempo para dar gusto a tus peticiones. El es... y solo es: ¡Amor! y al ser amor se convierte en un dador incondicional; un dador bondadoso, misericordioso, completo lleno y rebosante de amor. Es paciente, recuerda, tiene la paciencia de los siglos y sabe esperar no es instantáneo «para tu consuelo». Quiere que tomes un poco de tiempo para aclarar y decidir adecuadamente cuáles son tus deseos para que los ratifiques «sin presión», ten en cuenta que ¡Todo lo que deseas te será dado!

Las personas cuando son felices no se acuerdan de agradecer, Sin embargo cuando tienen dificultades se trastornan, se les olvida serenar sus mentes para tomar la decisión adecuada.

Cuando se presentan momentos de tristeza, dolor, frustración, etc. Esperan un milagro instantáneo, que por supuesto no llega. O tal vez solicitan con emoción imperativa, o rabia, sin tener claridad de qué quieren realmente.

Analiza un poco tus peticiones y hazte esta pregunta ¿es adecuado para mí? o para la otra persona implicada o «para el grupo» Si no lo es... entonces, ¿qué opciones tienes? Bueno tienes un tiempo prudencial para dar la contraorden, si decretaste cosas no adecuadas «recuerda que existe el libre albedrío» y puedes retractarte de cualquier petición o deseo que tenías en concreto y que, no beneficiaban a nadie. O seguir insistiendo en tus peticiones u oraciones, qué a medida que se afirmen con enfoque mental y con absoluta certeza y sinceridad. Serán muy eficaces. Así opera Dios –Tú Dios al ver que realmente estás segura y no das marcha atrás, porque realmente deseas lo que quieres y lo que quieres es beneficioso para ti y le darás un uso constructivo, cumplirá y llevará a feliz término todos tus deseos. Recuerda "todo es todo".

Ahora te pido que imagines a Dios Tú-Dios actuando instantáneamente como un rayo, ejecutando todos tus deseos sin que le importe para nada tu estado de ánimo o estado mental cuando haces peticiones, sobre todo cuando te dejas llevar por tus emociones y pides por ejempló: "que un rayo parta a ese..." te puedes imaginar... que cual rayo instantáneo caiga un relámpago y mate a una persona o a un grupo entero. Comprendes la gran benevolencia de Dios, con lo que piensas y discutes en ciertas ocasiones... si Dios te lo hubiera concedido de inmediato... cuales serían los resultados y qué remordimientos tendrías ¿te lo imaginas? Sería en muchos casos desastroso, ¿verdad?

¿Comprendes ahora el mecanismo de demora para recibir lo que quieres? Y porque se tarda Dios. Debes recordar que lo que concibes y permanece en tu mente con el transcurrir del tiempo te sucederá a ti. Lo que deseas para otros te será concedido primero a ti, algunas veces te suceden cosas que parecen cogerte desprevenida y fuera de base... Bueno son tus órdenes y deseos ya cumplidos, que, quedaron en espera de una contraorden, estaban a la deriva en el campo quántico o el aura.

Es más en contadas ocasiones llegaban a tu memoria recordatorios de las palabras que lanzaste tan imperativamente «fue una orden dada» en aquel momento de crisis. Tu mente te la envía para que tomes alguna acción y si no lo corriges se ejecutara más adelante en tu vida. Tal vez has escuchado que todo lo que te acontece es creación tuya, es verdad, así es como funciona. No hay casualidades no existen los accidentes, solo, la causa y su efecto; también esto explica que es la acción de tus mandatos llevándose a cabo y, como resultado se creó una reacción - un final.

Comprende que cuando dices que estas preocupada por algo; eso pones en tu mente, son tus pensamientos, son tus deseos y es lo vas a recibir de Dios, el solo Te da. Él es un Dador

Por ejemplo: Sientes miedo por todo y piensas en lo malo que pasara, bueno -Él no te dará alegría ¿por qué habría de darte alegría? Él no va a ir en contra tuya, no estás pidiendo alegría; entonces no puedes esperar otra cosa diferente de lo que piensas o lo que declaras en palabras.

¿Tienes una fobias...? bueno tú sabes a qué... ¿por qué crees que aparece esa cosa a cada instante?, tú lo atraes, está en tu mente y lo recreas. Es la misma ley de atracción que está tan en boga en estos tiempos. Lo que ves y piensas atraes.

La suposición que Dios sabe qué es lo mejor para ti y qué no lo es. Es un gran engaño; es una incoherencia, es la dualidad en la que cada ser humano vive, "Hoy te lo he enseñado ya conoces la verdad".

¿Reconoces esta frase?: "CONOCE LA VERDAD Y LA VERDAD TE HARÁ LIBRE", la verdad significa que pongas tus pensamientos en orden y atravesarás la puerta, ósea, que encontraras la libertad. Cambiar es fácil, si, te propones dirigir tu vida conscientemente. Dime ¿quién se beneficiara?, ¡Tú! por supuesto, atraviesa el abismo de tus preocupaciones y derriba las montañas de dudas. Las llaves del conocimiento están en recobrar el poder y tener certeza que puedes hacerlo. Cuando hayas logrado re-direccionar tus pensamientos poniéndolos a funcionar a tu favor. ¡Puedes hacer que cambie tu vida entera!

Ahora Pon a Dios dentro de ti y míralo también representado en un todo, en todos. Es momento para rescatarlo y sentirlo en tu interior. "Jesús y otros seres lo han dicho" ¡Dios está dentro de ti!, está más cerca que tu respiración, se encuentra en el centro de tu ser y es tu ser total. ¡Así es! por esto digo y afirmo que "ERES DIVINA". Dios es la esencia misma de ser mujer/hombre es la totalidad de él en sí mismos.

Te preguntaras sí... SOY DIVINA y él/ella «Dios» está en mi interior ¿dónde está? Es cada parte de tu ser, es tu mente, tus pensamientos, tu cerebro, células, ADN; es tu alma, tu espíritu, es tu cuerpo ¡conforma tu ser! – Todo vibra en ti con la esencia de lo que es DIOS, está dentro de ti como la "esencia misma que es y eres" opera igual para todas las razas de seres, todos son su esencia y están interconectados con la misma propiedad divina y todos son/somos hermanos.

Una anécdota personal; cuando escuche de Ramtha – uno de mis maestros la expresión: ¡Dios solo sabe lo que tú sabes! Fue un momento mágico para mí; entendí la omnipresencia de Dios, su misericordia y amor infinito. Entendí que:

- Él se halla en el nivel del bebé que acaba de nacer, porque Él es el bebe.

- Que existe al nivel de una niña, porque Él es esa niña.

- Que existe al nivel del niño, porque Él es el niño.

- Que existe al nivel de un/una joven, porque Él es ella o el joven.

- Que existe al nivel de un industrial, porque Él es el industrial.

- Que existe al nivel de un anciano, porque Él es el anciano.

- Que existe al nivel tuyo, porque Él eres tú.

Tú eres su mejor gala y más esplendoroso ser; Dios eres tú, ¡sí! Y es tu dador, tu dador personal ¡Es un dador universal! Un Dios Dador; solo sabe dar y amar, es tan grande el amor que tiene. ¡Que solo sabe SER! «Es cada partícula, cada átomo» y en esencia DA, te concede lo que desees, lo que cada ser humano proyecta Dios Él/Ella lo dará, es ilimitado. Comprendes ahora por qué unos reciben mucho y otros poco. No, es Dios el que determina que le dará a cada uno. ¡No! Él no determina, Él solo sabe dar y da – ¿que da? solo lo que tú quieras. Si quieres mucho -te dará mucho.

Mira -los millonarios reciben mucho porque no piensan en escases solo en abundancia y de eso hablan. La clase media que vive saltando de una cuenta a otra, quejándose que el dinero no alcanza para nada y que todo está subiendo «carencia» ¿que reciben? un poco nada más, y las clases más necesitadas que solo hablan sobre la pobreza pensando que no tienen que comer... eso es lo que reciben y es lo viven. Por esto es tan importante poner en tu mente cosas adecuadas, y hablar con propiedad ejemplo: ¿que sientes?, ¿qué te preocupa? De que temas hablas con tus amigas, tus insinuaciones, tus quejas, lo que gritas estando de mal genio, lo que codicias, lo que escondes, a lo que temes, a quién odias, a quien le temes, etc. Son los decretos que emites y se afianzan con la información que permites entrar a tu mente. Las fantasías mal dirigidas permitiendo que tu mente se distraiga, se llaman soñar despierto. Ten cuidado de que pones allí, porque es lo se producirá en tu vida, lo ideal al soñar despierto es enfocarse en lo que deseas para ti y para el bien común de la familia y de la humanidad.

Puede que preguntes porque existen seres alegres, risueños que pasan de vez en cuando por tu vida, se les ve en completa tranquilidad y llenos de amor. Buenos ellos viven en constante gratitud por eso nada les falta todo les sale bien, ¿puedes imaginar que tienen en sus pensamientos?... Parece como si les lloviera las cosas del cielo.

Sabes... Dios utiliza a seres como tú para satisfacer las necesidades de otros individuos... existen tantos seres bondadosos que brindan apoyo en momentos de necesidad, las veces que has actuado con total desapego ayudando a otros – Eres Dios en acción y te sientes reconfortada. Todo sucede con absoluto sincronismo, tú piensas en algo y aparece quien te lo puede solucionar, tú quieres dar y aparece el que quiere recibir; así es como se va labrado el destino. «Todo está inevitablemente conectado».

La Dieta

Dumo: Daikomio tibetano: Torbellino de calor, Kundalini en su ascensión por la columna unifica mente y cuerpo, saca, quema transmuta la energía enferma de cuerpos, objetos, lugares y situaciones. Crecimiento espiritual y sanación del alma

¡Ayúdate que yo te ayudare! Es la gran promesa que fue hecha y de ella me acojo. Ya sabes que DIOS es un dador y comprendes el mecanismo mental y el poder que tienen tus pensamientos y palabras.

Si no te quedo claro por favor comprende que cada vez que dices: que gorda estoy... o que mal me siento o veo... son órdenes directas que das y es la razón por lo cual no te han funcionado las dietas, ni el ejercicio es como si, simplemente, nada funcionara.

Cuando dices que vas a empezar una dieta, lo primero que viene al pensamiento es una imagen de la comida que más te gusta, y luego una sensación de privación, sabes que vas a dejar de probar lo que más te gusta por un tiempo largo; entonces la boca se te vuelve agua, no lo puedes evitar, mentalmente te entristeces y casi instantáneamente empieza un malestar en todo tu cuerpo, empieza la ansiedad y con esto pospones el inicio de la dieta y te dices desde la próxima semana... empezaré; por ahora me comeré este rico helado «es un ejemplo» y ese día comes más que un día normal. De pronto recibes invitaciones inesperadas, o pasas por casa de tus padres y justamente ese día han hecho esa comida favorita de la cual tienes ese sabor agradable grabado en tu memoria y tu boca materialmente se derrite, salivas... ahh salivas... tienes que comer lo que sea para distraer la sensación, a veces es tanto la incomodidad que sucumbes y dices: solo la pruebita, no más, porque estoy en dieta, qué más da si empiezo mi dieta a partir de tal día... «Y comes entre suspiros de resignación»

Si eres de las personas que continuamente están en dietas, tu organismo ya sabe lo que le espera y demanda más comida, antes que inicies la privación de ellas. Pero ¿qué pasa, durante el lapso que estas en dieta? El organismo al no recibir su gratificación completa segrega químicos y en vez de verte feliz y realizada; te vez con mala cara y de un genio terrible...

Recuerda qué el cuerpo es un organismo vivo que requiere de nutrientes, de comida, de agua para subsistir y si le privas de éstos, el cuerpo tiene que echar mano de todos sus recursos bioquímicos para mantener los órganos y la piel en perfectas condiciones; tan solo piensa en todo lo que tiene que hacer el cerebro, para darte calorías y mantener el cuerpo hidratado y con vida. En vez de ayudarlo lo pones a trabajar arduamente, por eso viene el desbalance subes y bajas de peso sin lograr tu peso ideal. ¿Qué te enseña esto? qué si a partir de este momento te obligas a verte hermosa, con el peso ideal que lo que comes es para mantenerte sana y perfecta, así será. Has acopio de tu voluntad y observa cuales nutriente comes.

Debes tener completa certeza que no es el cuerpo el que hace al espíritu, sino el espíritu es el que hace al cuerpo, ejerce este conocimiento, activando tu parte espiritual, activando tú magia «el libre albedrio», para recrear y manifestar tu nuevo cuerpo es un proceso lento y seguro.

Guía: Busca una fotografía donde te veas muy guapa, o dibújate tal cómo te quieres ver, sacas fotocopias y una la llevas en tu bolso, otras las pones en la oficina, en la sala, dormitorio, cuarto de baño y en la refrigeradora. Luego empiezas un diálogo interno imagina que un mago te concederá tus deseos, ese mago es Tú Dios. Haces valer tu libre albedrío que es tu magia y dices en plena voluntad. Mirando tu fotografía... así es como yo soy, mi peso ideal es... recuérdalo.

Al acostarte, haces un ritual imaginando que eres hechizada, ¿te acuerdas de la serie de televisión? mujeres suspiran por tener esta magia y, la tienen solamente la han olvidado. Todos poseemos este privilegio, es único, nunca se ha perdido, está oculto esperando que confieras la orden para poder salir a la superficie, déjalo fluir.

Con humildad y amor, miras tu fotografía y dices: voy a dormir entrare en un reposo profundo, mientras estoy descansando mi cuerpo será sanado, rejuvenecido, y se llenara de energía. Ya soy así «te visualizas siendo bella y lozana, no importa la edad, se es bello y lozano a los 99» Plenamente en ti mi Dios te entrego mi petición. - hazlo con certeza y por un tiempo largo hasta que tu mente lo crea y veras resultados asombrosos. En la mañana tan pronto despiertes y sin abrir los ojos te dices que linda soy, me siento plena y feliz, mi cuerpo esta relajado y revitalizado, soy sana, estoy feliz, estoy con mi peso ideal de... Gracias Dios ¡ya está vez no es difícil!, ¿te gusta la magia y sientes atracción hacía todo lo mágico o los cuentos de hadas y princesa encantadas?, es porque te identificas con ellas, en lo más profundo de tu ser sabes que es así y... Si ¡así es! Tú eres mágica solo has uso de esta magia. Se llama el libre albedrío. «Tu libre voluntad»

Usas la intensión como magia y mandas tu deseo a la creación y eso recibirás de vuelta. Recuerda que tomara tiempo para materializarse, algún día llegarás a hacer que sea inmediato, para que sea instantáneo necesitas depurarte espiritualmente, entonces podrás materializar casi de la nada. Ten sabiduría en tus acciones y plena responsabilidad. Atraerás resultados positivos.

Si no te gusta algo, cámbialo en tu mente. Cuando lo logres, tendrás toda la magia.

Debes sentir, ver y crear nuevas expresiones de júbilo hacía Dios... Tú Dios y ser muy agradecida. ¡Goza tu existencia!, solo tienes una, aquí y ahora, has conciencia de cuidarte y de cuidar el medio ambiente, usa productos adecuados para cuidarte y biodegradables para cuidar a nuestra amada tierra, cambia el entorno con tu amor, vive en armonía con él. ¿Recuerdas los cuentos que de niña te contaban de, cómo, las hadas, convertían a las doncellas en hermosas jóvenes llenas de sabiduría y vida? Así te puedes convertir; cada vez que afirmas que eres divina, que eres sabia, que eres inteligente, que eres hermosa y joven, eso se irá manifestando en tu semblante, e irradiaras una especie de luz, atrayendo hacía ti toda clase de virtudes, que por supuesto parten de tu interior, serás un imán poderoso para conseguir tus logros y realizaciones; recuerda que puedes pedir lo que quieras, solo ten pensamientos nobles y aplica la ley del libre albedrío, «tú libre voluntad» la cual has usado y usas a cada instante, si antes no te percatabas; te la presentare nuevamente con algunos ejemplos.

Cuando dices expresiones o dichos como: tal cosa no me gusta..., o no me gustaría..., que pasara..., o me encantaría que..., él me mirara..., o que fastidio con..., ese trabajo..., si sucediera..., si me apareciera..., que boba soy..., que vaina..., aquí me la paso..., sin hacer nada..., como no hay nada que hacer..., que locura... y, otras tantas expresiones que usas en tu día a día.

Representan tu voluntad utilizando tu libre albedrío. Me imagino que no habías pensado que esas simples expresiones, que hacen tu día son la magia que malgastas; puedes decretar tus esperanzas y deseos conscientemente, encáusalas a tu favor. En las leyendas todo deseo que las princesas le pedían a las hadas; éstas se las concedían. Tú se lo pides a tu Dios y haces uso de tu magia forjando pensamientos concretos... y él te los concede, opera igual.

Sería bueno ejercitar tu cuerpo, empieza con algo suave una caminata te hará bien, ten presente que en tu caminata «no pongas nada del pasado que sea ingrato»- si te enfocas en problemas echarás a perder la magia. Pon la visualización mental ya que el cerebro es holográfico, entiende con imágenes y esas son las órdenes mágicas de cómo te quieres ver o de que quieres, recuerda que es un compromiso contigo misma, tenlo claro en tu mente, mientras ejercitas tu cuerpo.

Otra manera es hacer ejercicios de estiramiento, pueden ser 5 o 10 minutos si no cuentas con más tiempo, estira cada articulación de tu cuerpo, empieza moviendo y relajando cada parte, no es difícil y se puede hacer así: –LOS OJOS: los abres y cierras, miras para todos los lados sin mover la cabeza, luego LA BOCA: la abres y la cierras, haces como que mandas besos al aire, después. EL CUELLO: haces movimientos hacía adelante y hacia atrás, luego hacía los lados y terminas con un movimiento circular, sigues con LOS HOMBROS: los mueves en forma circular hacía atrás y hacía adelante, los subes y los bajas. LOS BRAZOS: los abres y comienzas a girarlos hacia adelante y luego hacía atrás moviéndolos en movimiento circular, LAS MANOS: las abres y cierras como apretando algo, luego LA CINTURA: unes las manos una frente a la otra a la altura de la cintura y te mueves en tres tiempos volteando tu torso hacía un lado regresas al frente y luego hacía el otro lado y regresas al frente, luego has ESTIRAMIENTO: subes las manos y las unes sobre tu cabeza, te estiras y luego arqueas y estiras tu cuerpo hacía un lado y luego hacía el otro sintiendo el jalón en los lados, luego las bajas hacía el suelo y estiras todo tu cuerpo hasta que toques el suelo. Continuas con LAS CADERAS Y LAS PIERNAS: la mueves con movimientos circulares primero una y luego la otra, después TUS RODILLAS: te las frotas cada una primero y luego haces como si te fueras a sentar y luego te incorporas agachándote y levantándote, manteniendo tu espalda recta; por último TUS PIES: levantas una pierna y mueves solo el pie, en movimientos circulares hacía afuera y hacía adentro, hacía arriba y hacia abajo, continuas con el otro pie. Puedes empezar a hacer cinco movimientos de cada uno y vas aumentando a medida que tu cuerpo va recuperando la movilidad.

Si eres deportista sigue haciendo tus ejercicios, esto lo escribí para las mujeres que les cuesta empezar a hacer ejercicio y dejan su dinero en los gimnasios, asistiendo a las primeras secciones. Te conviene preguntarle a tu Dios como alimentar tu cuerpo y pide qué te guie para comer la comida adecuada, que sea, saludable, nutritiva, poco a poco cambiaras tus gustos alimenticios.

Algo muy importante cuando bebas agua bendícela y pon tus intenciones en ella:

utilízala como una varita mágica; pones tu intención y dices: Yo bebo esta agua para corregir mi metabolismo, sanar mi cuerpo, mis células. Etc., Intenta coger la costumbre de tomar un vaso de agua al levantarte, y antes de las comidas así no comerás en exceso. ¡Veras resultados maravillosos! Recuerda que tu cuerpo es el templo del Dios viviente. Cuida y acepta tu cuerpo tal como es, No pretendas que otros amen lo que tú misma no puedes amar, se consecuente contigo misma. Amate y bendícete porque al hacerlo estas aceptando plenamente a tu Dios, y a la vez te honras a ti misma. E irradiaras una energía fabulosa.

Guía: La danza es maravillosa, escucha que música te llena más, la que más te guste empieza a bailar ¿sola? No importa, crea tú propia coreografía, puedes hacerte un atuendo especial, un ritual para ti misma deja obrar tu espíritu y tu magia. El secreto que debes recobrar es la conexión con tu magia interna, la que has tenido por siempre y precisamente por ser mágicas la mujer fue atacada «como ocurrio en la época del oscurantismo», ahora lo importante es rescatar nuevamente la magia, solo está dormida; aunque de vez en cuando fluye, se le llama el sexto sentido o un algo que avisa, otros la llaman percepciones psíquicas, tan solo es tu energía y encanto interno obrando en consecuencia.

La Iglesia atropelló a la mujer con el cuento que profesaban el paganismo y la brujería, y casi la exterminan. Te pregunto -¿Es brujería saltar y danzar de alegría al ver salir el sol o las estrellas?, sonreír, jugar con el viento cálido extendiendo los brazos para permitir una caricia, ¡No! -yo creo que eso es; amar la vida, si la amas te consientes a ti misma y vives en armonía en comunión con Dios y todos, eso es todo, deja que la magia entre de nuevo, podrías prever cosas futuras, curar a tus hijos, tener un hogar maravilloso. ¿Todavía crees que eso es brujería? ¡No, no lo es!, lo importante aquí es recuperar lo que eres y lo que has perdido, solo deja fluir al ser mágico. Eres la misma magia, eres la creación perfecta de Dios.

La Pereza

Kundalini: Serpiente dormida, conecta y abre todas las chacras permitiendo el flujo de energía en ambos sentidos por toda la columna. Incrementa la receptividad

Es una actitud que echara a perder todo, no deja hacer nada y, es la razón para no iniciar con la disciplina de ejercitar tus músculos, incluso no te deja hacer comidas que requieran un mayor tiempo de preparación.

Prefieres ocuparte en otras actividades y no poner manos a la obra para tu propio beneficio; aplazas todo, empiezas proyectos que nunca terminas. Así encubres tú pereza, la disfrazas, te das una serie de excusas para justificar ante otras personas lo ocupado que estás, para recibir cumplidos, te gusta las alabanzas y quieres que vean en ti a una persona importante, siempre cuidando tu imagen... incluso eres muy amable y haces lo que sea por el beneficio de otras personas..., no tomas tiempo para ti, no cumples contigo mismo(a), aunque internamente sabes que debes tomar una decisión e iniciar un cambio de actitud. Seguro que si la corriges te beneficiaras enormemente. Estando bien y en perfecta armonía contigo mismo(a), todo a tu alrededor cambiará para confabularse a tus deseos, esta es la ley de atracción; que cuando se comprende desde la perspectiva que tú eres la misma esencia de Dios «lo que ya explique» y se pone uno como prioridad; empiezas a ser un imán que atrae lo que quiere «solo depende de tus pensamientos y acciones» puedes tenerlo todo... El cielo es el límite y no tiene límite...

Observa el caso de un hombre y/o mujer trabajador(a), que se la pasa ocupado y afanado llevando trabajo para la casa; anda preocupado por mantener a la familia en buena posición, para darse y darles gusto en sus caprichos «es su prioridad» y el poco tiempo que les queda libre se la pasan frente a un televisor o a una computadora; aunque en muchas ocasiones la compañera(o) le ha llamado la atención y le ha dicho que el trabajo no lo es todo, que es más importante tener tiempo para compartir en familia... hacen caso omiso... sienten que no tienen tiempo... bueno se llama pereza disfrazada y está muy, muy bien maquillada.

La pereza hace que lo ignoren sistemáticamente, cuando un día encuentren su casa vacía, su compañera(o) se ha ido, se dan cuenta que han perdido a su familia, después, del estupor inicial saben internamente que ellos son los directos responsables, les entra tal tristeza que hasta pierden sus empleos.

Pregunto, ¿qué consiguieron? ¡Nada!, porque nunca sacaron tiempo para ellos mismos, ni para compartir en familia. Esta es una forma de pereza muy disimulada. Tienen perspectivas limitadas y no ven lo que podrían perder. Ven lo que quieren ver, no ven lo que pueden llegar a ser, no les gusta exigirse a sí mismos para hacer algo extra.

Los seres extraordinarios, son los individuos ordinarios que hacen algo extra. Nada más. Una persona que pone acción y se involucra con su familia y los quehaceres domésticos cotidianos es una maravilla.

Si dejas la pereza de lado y dedicas un tiempo a observar tus pensamientos para cambiarlos creando unos nuevos, tu vida será diferente, te pregunto: ¿Qué quieres tener? O ¿a dónde quieres llegar el próximo mes, el próximo año, dentro de 11 años? ¿Dónde puedes ser más productivo y crecer más?, ¿harías algo más?, ¿cómo puedes llegar a ser mejor? Sueña con ser un ser maravilloso, con ser fabulosamente millonario, sueña en grande y serás grande. Esta es la habilidad que debes sobreponer a tus pensamientos pesimistas y obligarte a pensar más allá de la situación financiera, pregúntate a diario ¿qué quieres para ti y los tuyos? Persigue tus sueños y no olvides tu parte espiritual, ve de la mano con tu Dios, él nunca te defraudara.

A propósito cuando se toca el concepto de la espiritualidad, muchas personas escudadas tras la fachada de la pereza, no les atrae o no les gusta piensan que es para otros, entonces se la pasan dando tumbos de aquí para allá y de allá para acá. La espiritualidad y la riqueza van de la mano todos son/somos hijos del mismo universo, tenemos un padre ilimitado y abundante.

- El cuerpo representa lo material. El alma y el espíritu simbolizan la espiritualidad; hay quienes dicen que la espiritualidad no va con ellos ¿Serán de otro sistema solar? Todos son/somos seres espirituales, no existe una persona más espiritual que otra, todas tienen espíritu, hasta el momento no conozco a nadie que esté vivo y no tenga espíritu.

- Asume los obstáculos mirándolos como retos y, sabrás de las maravillas que lograrás... lo llamaran milagros. ¡Lo son! La creación empieza en tu mente, con la fuerza de Dios como dador, se su canal de manifestación y realizador de milagros. Eres hijo de un padre maravilloso, pon tus sentimientos sinceros llénate de amor, orienta tu alegría en la realización de tus sueños.

- Recuerda qué en el hacer esta la acción, la acción genera energía y la energía es el motor del cambio. No pierdas el tiempo en pequeñeces, por ejemplo: tienes que llamar al doctor para hacer una cita médica y sabes que la tienes que hacer; no la pospongas para más tarde o para mañana porque sin darte cuenta, recurrentemente te llegará el pensamiento de que no lo has hecho, al postergarlo hasta última hora tal vez no encuentras cupo y te reprochas por no haberlo hecho con antelación, perdiste el tiempo pensando en que lo tenías que hacer y no lo ejecutaste.

- Otro ejemplo, cuando tienes que llamar para solucionar o aclarar una cuenta y pospones la llamada... le das vueltas y vueltas, imaginas lo qué te dirán y que objetaras, así, pasas varios días hasta que por fin llamas y te das cuenta que fue simple solucionarlo. Perdiste el tiempo cavilando, en vez de hacerlo en el instante mismo. Esa actitud no permite a tu mente que se ocupen de lo que realmente importa y, es:

"Cómo mejorar espiritualmente y hacer fluir tu magia", no te pongas límites, ni pienses que le quitaras a otras personas pues hay suficiente para todos. Dios no es incompleto, ¡Él es, un dador ilimitado! puedes obtener lo que se te antoje, renaciendo a la mente consciente direccionando tus pensamientos.

La Valía

靈
氣

Reiki: Manejo y envió de la energía para la curación de la mente, el cuerpo y las emociones. Rei y Ki dos formas de energías fundamentales. Rei: energía del universo, al conectarnos con ella fluye libremente a través de nosotros produce salud y bienestar. Ki: es la energía vital circula dentro del organismo de todos los seres vivos.

Hablando sobre la valía, sabes que si un ser humano no se valora lo suficiente, su subconsciente impedirá que intente hacer algo para sí mismo, siente que no lo merecen, tal vez porque aun quedan rezagos de culpabilidad, pereza, rencor o vergüenza; ya sea por algo oculto... o por falta de educación, pobreza y los recuerdos de que el dinero no alcanzaba ni para comer, incluso muchos abandonan los estudios para buscar trabajo e ingresan al mundo de los niños trabajadores; un mundo de maltrato y mala remuneración donde no son tratados con cariño, a veces trabajan en forma infrahumana. Todo para ayudar en sus hogares y, otras tantas para suplir la pereza de sus progenitores. Entonces preguntarás: ¿cómo puedo sentirme valiosa y maravillosa? Bueno, la riqueza es equivalente al merito de sentirte merecedora de cosas buenas. Si, dentro de ti no hay aceptación... nada podrás obtener, entonces, empieza seriamente a perdonarte para que puedas esperar otro resultado. En este libro tienes suficiente material para ayudarte a afianzar tu autoestima desde un punto de comprensión y entendimiento.

Por favor, has un alto y pregúntate por qué no puedes ser merecedora de algo bueno. Todo fue impuesto por una sociedad insensible; no tuviste elección ni una enseñanza clara de qué papel desempeña tus pensamientos y cómo funciona tu mente y la importancia de dirigir con tus propios pensamientos la creación de una nueva realidad. Ese entorno donde creciste fue otra realidad, te acoplaste..., ahora es distinto tienes este conocimiento y puedes tenerlo todo, entonces ¿qué o quién te lo impedirá?, Presta atención a tu autoestima; si sientes que eres menos que otros ¡súbete a su nivel! Y si piensas que eres mejor que otros, entonces, súbelos a ellos a tu nivel. Contesta para ti misma estas preguntas: ¿careces de algo?, ¿realmente te estimas?, ¿Te valoras?, ¿Te toleras?, ¿Cuánto te aprecias?, ¿Te amas?..., No es el dinero, ni las joyas, ni la ropa, ni la clase social... todo es equivalente a tu valor. Cuando estimes, ames y toleres al ser dentro de ti, la riqueza responderá «Acuérdate de la primera parte del libro» donde te conté cómo los científicos hacen que sucedan las cosas:

PIENSAN, DIBUJAN, PROGRAMAN Y OBTIENEN UN RESULTADO.

Bueno, pues es muy importante que aprendas de ESE experimento y lo utilices a tu favor para levantar tú autoestima y logres lo que desees.

Modelo

PIENSA «INVOLUCRA TUS PIENSAMIENTOS»: ¿qué ambicionas para ti? Una posible respuesta es ¡mucho dinero! Ahora, imagina qué podrías hacer con el dinero, en qué lo invertirías, a quién ayudarías, cómo vestirías, qué casa tendrías, qué carro conducirías, qué lugares visitarías, etc.

DIBUJA... Dibújate haciendo todo lo que quieres, viéndote en el carro que deseas, no dibujes el carro sin conductor tú debes estar adentro del auto y continua con todas las cosas que vengan a tu mente, quieres ir a la playa dibújate en ella.

PROGRAMA... has como si tomaras una clase, mañana y tarde, observa tus dibujos, míralos fijamente uno por uno, pon títulos, háblales como si ya existieran incorporados a tu realidad, dando gracias por que ya están en tu vida, quédate en estado de dulce aceptación y espera. Ahí es cuando entra Dios en acción y te llena de gozo y alegría.

OBTÉN UN RESULTADO... Como ya has creando nuevos pensamientos; has corregido en tu mente lo que tenías que corregir, y aceptas sin dudar el concepto que Dios es un dador. Puede que en estos momentos tengas algún infortunio; reconfórtate con la dulce seguridad ¡que todo cambiará!

Todo será diferente, porque re-nacerás a nuevos pensamientos, a nuevas ideas, llegaran nuevas personas que te brindarán oportunidades; debes estar atenta para aceptar nuevas situaciones. Aprende a dar y recibir. No pongas límites por favor; en el hacer esta la acción, cree en ti y, en la grandeza de Dios, tú Dios.

Hijas E Hijos

Rama: Dios. Alegría Eterna. Conexión con la energía de la tierra. Armoniza los chacras superiores con los inferiores y los abre para conectarlos con la energía terrestre. Limpia, por ello es útil en todos los problemas de chacras inferiores. Debilidad física. Depresión. Falta de sentido práctico. Problemas sexuales. Luchas de poder. Problemas de piernas... "Da constancia y determinación". Da la capacidad para alcanzar las metas materiales.

Los hijos son una bendición de Dios, aprecio profundamente el don que lleva en su vientre una mujer, reconozco que Dios ha elaborado lo más perfecto que existe en este mundo "un humano capaz de llevar en su vientre la vida".

La exquisitez del hombre cuando procrea no tiene igual, sin el hombre y la mujer no existiría la vida, por lo tanto la fecundación es perfecta y necesaria.

Se llega sin manuales de apoyo espirituales. Sin embargo toda madre inicia el cuidado del niño; y pasa a convertirse en su primer maestro. Se afianza el sentimiento afectivo entre el nene y la madre, luego se expande al padre y familiares, siendo todos, en especial la madre una guía durante todo su crecimiento.

Tradicionalmente la madre es la que permanece en mayor contacto con el niño y sobre sus hombros esta la primera crianza, con sus enseñanzas plantan las semillas del aprendizaje, utilizan sus experiencias e intuición, ellas, tienen la mayor ascendencia psicológica sobre ellos.

Por esto digo que en la mujer está la responsabilidad primaria de cambiar la desigualdad existente entre los hombres y las mujeres. ¡Sí!, en las mujeres descansa el nuevo compromiso de enseñar a los hijos el concepto único "que el hombre y la mujer son exactamente iguales en derechos, aunque tengan diferentes características, emocionales y físicas".

Mujer entrena sus mentes con ideales constructivos, promueve la armonía y el gozo en su sentir interno; son seres divinos con mentes únicas y divinas, edúcalos que él/ella/ellos son la misma creación de Dios, que son Dios/ Diosa/ Dioses y como tal ilimitados. No escatimes momentos para exteriorizar tus sentimientos hacia ellos, percibirán lo importante que son para ti. Enséñales a amarse a sí mismos, de ellos depende la calidad de vida que obtendrán, ya que son los co-creadores del destino, desde temprana edad pueden experimentar la cualidad divina dentro de ellos ¡los ves divinos verdad! Ellos pueden crear sus vidas, libres de enfermedad y de carencia. Yo creo firmemente que la miseria desaparecería si se les enseña adecuadamente, incluso desde el vientre materno píntales un mundo mejor, amplia sus mentes y su autoestima, con ellos se construirá la felicidad y la paz. Ten claro este concepto utilizando la guía de tu Dios.

Lamentablemente lo que la sociedad enseña lo encontraras a continuación.

¿Qué le enseñan a la hija respecto al hombre? Le dicen que los hombres son seres fabulosos y que puede confiar plenamente en ellos. O la previenen; poniéndola sobre aviso del peligro de los hombres y le meten en sus mentes que no puede confiar en ellos; ya que los hombres se divertirán a su costa y luego la dejarán a un lado para andar tras de otras chicas, qué ojala no se enamoren porque van a sufrir, qué se acuerde del caso de... La amiguita... cómo sufrió la pobrecita, porque los hombres solo hacen sufrir, que debe conservar la virtud, para que en un futuro alguien de clase se case con ella.

Bueno lo que consiguen es quitarle el aprecio así misma y la centran en la sexualidad. No le dan opciones para explorar y conservar intacta su pureza. – El que sondeen su cuerpo no hace daño a la pureza del espíritu ¡No!, Cuando hay amor en el acto mismo, es en sí sublime. Por favor no recalquen una y otra vez que no la respetarán... ¿acaso con esta enseñanza respetan su ingenuidad? Tal vez estas recomendaciones son por temor y vergüenza a que la chica salga en embarazo.

Basados en este razonamiento se enseña a la joven a ser desconfiada a no creer en la palabra del hombre y a rechazarlo. Ahora bien, dime qué siente esa jovencita cuando empieza a sentir ese algo... muy agradable, ese sentimiento hacía el joven guapo que la mira y la hace vibrar. Ella siente que su cuerpo se enciende y se encoge algo en su estómago con solo mirarlo... ella tiene en su mente esas recomendaciones a que desconfié, a que se cuide... Ella en su fuero interno no entiende de razones... Ella no sabe interpretar sus impulsos, se vuelve nerviosa, ansiosa y rebelde, sabe en su interior qué lo que siente, no es precisamente lo que mamá quiere que ella conciba, qué debe ser algo distinto o sino mamá no se habría casado... entonces... ella se deja llevar de la ilusión y sueña con ese joven... sabes, esos sueños son dulces no tienen nada de peligrosos, en la gran mayoría de los casos, se están fijando en el color de ojos y cabello del muchacho, en cómo viste, en su risa, en cómo baila, en lo guapo que es, nada más... es mamá o papá que la ha puesto a la defensiva.

Piensa... debe haber un error, yo creo que mis padres están educados de otra manera. Entonces se aferran a ese primer amor contra viento y marea. Lo que tanto temen los padres, es lo que atraen a la vida de sus hijas. Recuerda que lo que pones en tu mente te lo regresa la vida.

¿Qué le dicen al hijo y cuáles son los consejos que él recibe?: Hijo no te vayas a enredar con alguna tonta y quien sabe cuáles sean sus principios, es mejor que andes con cuidado porque ellas te pueden envolver y que tal que dejes a esa muchachita loca por ahí embarazada. Cuidadito que con un bebé a bordo no se juega... Y como es mejor evitar, que tener que lamentar cuídate; usa condones, llevalos en tu cartera por si acaso. Nunca se sabe...

Bueno, a este jovencito le han dado permiso de tener relaciones sexuales, siempre y cuando se cuide y con la condición que se ande con cuidado de no dejarse enredar. ¿Qué hace ese jovencito? empieza a mirar a las mujeres y no precisamente con ternura, «como debería ser», ni las tratará con cortesía y amabilidad... sino con miradas llenas de deseos, pues implícitamente le dijeron que las mujeres eran para ser usadas y recibieron consejos para que desconfiara de las mujeres; eso, queda en sus mentes... estas contra ti misma, tu eres mujer mamá.

¿Ves la dualidad?, ¿estás hablando en contra tuya?, ¿contra tu mismo género?... no, no puede ser, ahora «imagina» al muchacho se le van los ojos tras la imagen de las chicas, se siente atraído... las ve bellas... el muchacho piensa que tal vez haya un error, ha quedado con dudas, y piensa, mamá no tiene por qué mentirme; es mejor andar con cuidado con las mujeres, por algo mi mamá me hizo esa recomendación, entonces a divertirme y pasarla bien. Se convierten en sementales pasando de una a otra, prometiendo y mintiendo... no controlan sus impulsos, y dejan que sus cuerpos los dominen... algunos reciben información directamente de sus papás, algunos no tienen el más mínimo respeto por la mujer... imagina ¿Lo qué recibió este jovencito? Se desorienta y más bien se vuelve tímido, no comprenden claramente, pues una cosa siente y otra es la información que reciben y para colmo el padre le regala revistas de pornografía, así, consiguen permiso directo para incursionar en este campo... A las muchachas en cambio no se les permite ver... la expresión que acompaña a la pornografía es que es basura... aclaro no estoy a favor de la pornografía, es un negocio que degrada a los seres humanos y los coloca como objetos de uso y abuso, es responsabilidad del adulto informar a los muchachos que existe tal como las drogas alucinógenas y, aunque están en el mercado, no es para mejorar sus vidas; es para destruirlos.

Analicemos: el muchacho tiene acceso a la pornografía, pero, conserva en su mente los consejos que ha recibido. ¿Qué imagina realmente?, ¿qué valora?, ¿qué fantasías tiene?, ¿qué siente y piensa en relación al acto sexual? Sin darse cuenta empieza a idealizar cierto tipo de mujer, las de las revistas que se ven hermosas, misteriosas y seductoras... se imaginan que así son todas las mujeres... hay un choque en sus mentes, cuando tratan con ellas en la realidad y se dan cuenta que no son como las que están en sus mentes, en sus fantasías.

Las reales son de carne y hueso, sienten dolor si se les maltrata, pueden ser mal habladas, emanan los mismo olores que ellos... pueden ser indiscretas... son habladoras... no están en silencio... ni son estáticas como las de sus fantasías... en fin... caos en la mente del muchacho. ¿Algo para pensar? existe la doble moral y es causal de tanto desequilibrio.

Otro ejemplo: la jovencita que queda en embarazo; se siente mal, tiene miedo, vergüenza, aunque quiere tener a su hijo.

Generalmente acuden a sus padres, entre llantos y lamentos cuentan su pesar. Y ¿qué reciben en algunos casos? malas caras, insultos, la hacen sentir que deshonra a la familia, se lamentan que no valió la pena cuidarla y darle todo lo que quería... que ese es el pago que reciben...

Mamá, papá, abuelos, por favor, no obren así, no lo hagan -no se dan cuenta que están insultando y maltratando a su propia hija, ella ha sido el fruto de su amor, ¿en dónde quedo ese amor que profesaban por ella?, ¿en donde quedo el respeto?, -No se dan cuenta que en su vientre lleva una vida, un ser que apenas está empezando su crecimiento y ¡éste!, siente todo lo que su mamá siente. ¡Si, así es! -él también lo está grabando en su subconsciente por medio de impulsos que recibe de su madre, ese pequeñito es su nieto «él/ella» llegará a ser una parte importante de sus vidas y la alegría del hogar... ¿Sean tolerantes?, ¿No los afecten así?, Recuerden las palabras de gratitud que dieron a Dios cuando nació tu hija o cuando decías que era tú orgullo. ¡Humm! No lo denigres así, no trates de ocultar un hecho, solo por aparentar ante los amigos y demás familia... ni siquiera ellos te deberían importar, no es la vida de ellos. ¿Son tu familia y amigos? creo que todos ellos están para dar apoyo ¿o no? aunque a veces ellos son más comprensivos y brindan apoyo real a esas chiquillas, porque sus adoloridos padres tienen castrados sus sentimientos.

A ti muchachita, no hables mal del padre de tu criatura ¡es el padre de tu hijo! al igual que tú debe estar lleno de miedo y puede que sea un bueno para nada; tú no sabes por qué circunstancias ha pasado, ni cómo vive, hay muchas cosas que se le ocultan a la pareja por vergüenza... Bueno, él no ha actuado como esperabas eso no significa que él no pueda cambiar; y si no cambia, es problema de él, no te debe importar pues has tomado una decisión de tener tu bebe, fuiste tú la que lo escogiste.

Aprende de esta experiencia... te beneficiaras, si sabes encausar y comprender la enseñanza que viene implícita... Entonces con calma mira observa y analiza los hechos.

Tal vez, aprender sobre responsabilidad, honestidad, fortaleza de carácter, aceptar algo sin juzgar, no odiar, no ser víctima..., perdonar y aceptar los hechos para que puedas vivir en alegría todo es cuestión de actitud deja que el tiempo haga su trabajo sanador y, ante todo deja fluir tu amor hacía la criatura que llevas en tu vientre -es tú hijo, ámalo.

También es bueno que sepas que tu hijo(a) al nacer en esta época llegará más evolucionado que tú. En estos tiempos los niños llegan con más conocimiento, que hasta la misma ciencia los llama los niños prodigios y en los círculos esotéricos les llaman niños Índigo. Ellos vienen con una programación ligeramente diferente en su ADN, y me atrevo a decir que vienen preparados para los nuevos cambios.

Estos niños exigen saber las respuestas concretas a sus preguntas... no aceptarán una explicación banal como que los niños vienen de Paris... exigen algo más... desean la verdad... claro, lamentablemente muchos padres no los comprenden y desde temprana edad los empiezan a sedar y los tratan como niños "HÍPER" Son intolerantes con sus hijos, no saben tratarlos, a veces prefieren ponerlos frente al televisor o juegos electrónicos, desean que estén quietos un rato. Ceden su derecho de educarlos a una máquina o a la televisión y ya sabes cómo la televisión programa sus mentes jóvenes y sensibles... otra historia sería si, desde temprana edad se les enseñara las artes, las ciencias y a desarrollar sus mentes con visualizaciones claras.

Los adultos deben tener una mente amplia para comprenderlos, respetarlos, y tratarlos como los seres evolucionados que son y no con el rótulo de "niño problema o de híper", aprender a amarlos y tolerarlos es algo que se debe tener en prioridad. Te sugiero que investigues más de estos temas sobre los nuevos niños, encontraras información disponible en Internet.

Volviendo al tema anterior donde se ha inculcado la desconfianza entre los géneros. A pesar de dichos "consejos" ellos; guiados por sus mismos instintos logran superar estas barreras inadecuadas y entran en la etapa del enamoramiento; es la etapa encantada, es algo natural y ahí interviene el instinto de la propagación de la especie, algunos jóvenes sienten y ven la oportunidad de salir del yugo de sus padres, toman la decisión de vivir juntos o se casan, «recuerdas como te pasó a ti... en tu época de enamoramiento».

Entonces ocurre algo sorprendente en la mente de los padres; Ya eres adulto y están de acuerdo con la pareja... entonces... de la noche a la mañana... empiezan con una serie de nuevas recomendaciones: dicen y recalcan que es fundamental la confianza entre los esposos, que deben saberse comprender y apreciar, que el matrimonio no es de un día, que los dos tienen responsabilidades conjuntas... que la, bla, bla y la lista es larga...

Pregunto ¿qué significa esto? Los primeros años poniéndolos a la defensiva de uno contra el otro y luego les dicen que deben confiar en la otra persona, valorarla, respetarla y además esperan que la felicidad les perdure. Tratan de cambiar todos los años de enseñanza errada, en unos pocos meses... lo malo es que está sembrada en sus mentes... algunos padres se ponen como ejemplo esperando que los imiten y que los jóvenes sean felices... Pretenden que sus matrimonios no se arruinen, cuando nunca se les enseñó a confiar o respetarse uno a otro, ni siquiera saben valorasen a sí mismos. La dualidad y la tremenda falsedad están agazapadas a sus espaldas.

Los muchachos que están llenos de ilusión y amor en esos momentos no toman en cuenta las recomendaciones. Cuando el ímpetu de la ilusión, de la pasión decrece es cuando empiezan a ver los defectos en sus parejas. Las cavilaciones vienen y atando cabos se dicen, -"mi mamá tenía razón" o el otro -"mi mamá y mi papá tenían razón" por esto... por aquello... entonces aparece el desamor, la incomprensión, llegan los divorcios. Los traumas se acrecientan.

Es por esta razón creo: que es responsabilidad de todas las mujeres, que todas unidas cambiemos lo que se ha ayudado a crear... han creado mujeres sumisas, miedosas, inseguras que cualquier joven puede manejar a su antojo.

Tal vez empezó la revolución para la mujer cuando diseñaron los anticonceptivos «aunque pueden generar un desarreglo hormonal y no es recomendable su uso por tiempo prolongado» Yo creo que los condones deberían ser dados a las hijas e hijos por igual; Muchas mamás piensan que si se los proporcionan a sus hijas se van a volver libertinas y que pueden prostituirse. ¡No es así!... si les hablas abiertamente del tema e incluyes las píldoras dentro del presupuesto familiar otro sería el tema a tratar, yo creo en la comunicación. El silencio se puede interpretar erróneamente como un permiso tácito. No pretendan guardar silencio para que los hijos no se enteren; los hijos se van a enterar, además sienten impulsos sexuales, es natural y es un químico poderoso. Inclusive colegios les hablan sobre la sexualidad, lo hacen a un grupo de estudiantes, no a cada uno, cada persona tiene sus propias dudas y hasta difieren en pensamientos y conceptos.

Los jóvenes no tienen la confianza con el profesor para contarle, sobre lo que sienten. Yo creo que las madres y los padres, pueden guiarlos correctamente, si aprenden a hablar sin rodeos, ni tabúes y en forma clara, tranquila, aclarándoles sus ideas erróneas. Te aseguro que todo fluirá naturalmente.

Ahora como padres debes ocuparte de tus hijos, amarlos, no pretender vivir sus vidas, permíteles ser y que vivan sus existencia como lo deseen, déjalos que expleen el mundo, aprueba que pinten sus cuartos de colores; así a ti no te guste, ese es su espacio, cuando salgan ten confianza en ellos y háblales con claridad de cualquier temas, no los pongas a la defensiva contra los otros, no pongas a ninguno de los dos como mejor que el otro, todos son/somos iguales, aclárales que las noticias sobre violaciones es por consecuencia de mentes enfermas, no por problemas del cuerpo, el cuerpo es sagrado, que amen sus cuerpos y lo cuiden. Cuando crezcan, ellos enseñarán esto mismo a sus hijos y por consiguiente no habrán personas sin valores; tendrán mucha dignidad y estarán honrando a sus padres porque nunca les ocultaron la verdad, seguirán los dictados de sus sentimientos.

Cuando formen sus hogares, tú seguirás amándolos y bendiciéndoles. Envíales los mejores deseos con amor y ternura y no pierdas la oportunidad de, que ellos sepan que recibirán tu apoyo incondicional.

Respecto a la adición

Un tema delicado de tratar por los sentimientos que se generan alrededor del hecho y de la persona que cae en adición, espero serte de ayuda, si es tu caso.

Si en tu familia tienes una persona adicta, sé que causa una frustración impresionante y todos sienten un dolor desgarrador, sin embargo él/ella saben lo que están haciendo y sin embargo no se pueden detener, porque a esa persona joven no se le dejo tomar decisiones, es más le impusieron ciertas enseñanzas que no eran las adecuadas para su parte espiritual, y como todos llegan a este mundo e inician una búsqueda aunque no saben con claridad de que se trata, y en ese camino, sus familiares no les respetaron sus ilusiones, no afianzaron sus valores, les causa un vacio y desconsuelo internamente sabe que no vino a vivir así entonces, cae en las garras de inescrupulosos que lo envician, la persona alucinada evade su realidad y responsabilidades estando en ese estado se siente bien y se siente único; recuerda erradamente su propia unidad su conexión interna en unión con su espíritu por eso siente paz y aunque no lo sabe ni comprende; sigue haciéndolo para poder sentir ese algo "especial" se deja ir a un pozo sin fin, pierde la noción del tiempo, se desinhibe, ve fantásticas ilusiones, colores y formas, lo que no sabe es que el cerebro manda imágenes desesperadamente cuando están muriendo sus neuronas.

Cuando hablas con una persona en adicción sabe que se está afectando, en el fondo está llevando la contraria... sabe que se está matando poco a poco. No tiene suficiente voluntad para cambiar, internamente se recrimina siente que no vale nada, para él no tiene sentido vivir, hace uso de su libre albedrío en una forma auto-destructiva tiene miedo; nada es claro en su vida, los adultos son intolerantes y dan órdenes y contraordenes, lo adulan si hace algo bien y lo destruyen si no lo hace bien. Se olvidaron de enseñarle como ir de la mano con su ser interno, de la mano con su Dios.

La mejor recomendación es aplicar la tolerancia amarlos y enseñarlos a amarse a sí mismos, impulsarlos a hablar con su Dios interno, explicándoles que Dios es un dador.

Padres en la mente del joven existe mucho temor, es necesario, muy necesario que vivan la verdad en acción, siendo en verdad un ejemplo a seguir sean dadores del perdón, de la bondad, de la paz, será lo que percibirá.

Por lo tanto si los van a guiar, toda la familia debe hacer un círculo protector de amor y amarlo tal como es. Para conducirlo a enfrentar su miedo, él no es solo cuerpo es también espíritu. Su ser interior representa su espiritualidad, la persona en adición debe perdonarse a sí misma y desea confiar en alguien que no lo juzgue, pues ya tienen suficiente con sus mismos pensamientos, hay que encausar sus sentimientos a que se ame a si mismo incondicionalmente y enseñarles que su responsabilidad primaría es consigo mismo.

Guía: Enséñales a hacer uso de su libre albedrío en plena voluntad, ten en cuenta que cuando este joven mire a tus ojos vea en ti una mirada firme lleva de ternura, llena de amor incondicional y que a la vez sea una promesa... «No una acusación implícita, no lo coacciones con tus pesares, ni tus sufrimientos».

Anímale a iniciar un diálogo interno imaginando que habla a su sistema inmunológico a sus células a su ADN, a Dios, «o la luz, o la energía infinita» que internamente le hable de corazón a corazón, con peticiones claras de lo que realmente él quiere para sí. Que de órdenes a su mente como si fuera un amigo y le diga: De ahora en adelante vas estar muy bien, vas a estar en forma y bien, libre de sustancias que no sirven a mi cuerpo, mi bien más elevado es uno conmigo esté es mi cuerpo y yo ahora amo mi cuerpo, -yo amo y honro lo que soy... Está es mi voluntad, es lo que aceptare, adicionalmente le enseñas algo simbólico cada vez que diga una afirmación una los tres dedos de su mano, es para que genere una orden directa al cerebro. -que lo repita cuantas veces quiera. Con el tiempo, suma paciencia y amor de tu parte, ¡así será!

Guía: Cuando se acueste en humildad profunda que programe mentalmente "Querido Dios dormiré en reposo profundo y mientras estoy en descanso sé que mi cuerpo y mi mente serán sanados, estoy liberado, «señalando su fotografía donde se vea feliz y bien guapa(o) y que le guste» Estoy bien como yo soy y confió plenamente. Agrega cualquier deseo que corresponda a la situación. Que sienta la confianza absoluta que está en las manos de su ser interno, de su Dios.

En la mañana siguiente antes de que abra los ojos, que se diga me siento bien, estoy pleno y realizado, mi cuerpo está sano, liberado y lleno de vitalidad. Mi vida mejora cada día más y más estoy mejor y mejor Gracias –soy feliz.

Guía: Desde ahora al acostarte, tú también haces un ritual mágico. Imagina a tu hijo sano y normal, pon tu magia para ayudar a tu hijo, pon en este ritual tu amor infinito y comprensión. Mira su fotografía, interiorízate con tu ser interno y, pregúntate que necesitas sanar en ti, es muy importante que lo hagas y todos en la familia también. ¿Qué necesitan sanar en ustedes mismos?, ¿qué les enseña esta situación?, ¿cuál es el aprendizaje?, ¿cuáles son las cosas que más le desagradan de él? Cuando tengan claras las respuestas.

Empiezan a sanar en ti mima esas cosas que percibes en él, que también hacen parte de tus actitudes. Puede que lleguen a tus pensamientos recuerdos de lo que sentiste en el embarazo o los problemas que pasaste, y empieza a sanar, sana los momentos en que fuiste injusta y le castigaste, sana y ámalo, has como un escáner de su vida y de tu vida e imagina lo que realmente te hubiera gustado vivir y siéntelo como algo que realizaste correctamente, crea una nueva obra en tu mente; te aseguro que podrás hacer una diferencia. Cree en ti y en tú Dios conviértete en él como dador y ponlo como tu escudo de poder y envuelve a la persona en adición con la magia del amor, has con tus manos como que lo estas envolviendo en color azul ultravioleta claro, y, cuando termines rodéalo con color rosado, la manera como se hace esto es visualizando que sale del centro de tu ser y aunque no lo veas con tus ojos, es la intención lo que vale y el color lo envuelve, esa es la magia. ¡Ayúdalo!, poco a poco veras un cambio en él, a medida que también vas sanando tu. Recuerda perdónalo y perdónate, permítele ser y permítete ser, libéralo y libérate.

Poco a poco el miedo disminuirá y a medida que lo vaya abandonando, su conducta se modificara y dejara la adicción. Medita profundamente puede que, él o la joven te este presentando una lección de vida y él aceptó actuar así «antes de llegar a está existencia» para que aprendieran algo determinado. Observa con detenimiento qué te molesta o lastima de esta situación para poder enfrentarte a eso y comprender porque llego a tu vida y luego saber a cabalidad, que pasaste la prueba. Estas llena de infinito amor, de comprensión, de compasión, de ternura... se que lo descubrirás. Cuando no se han iniciado en las drogas alucinógenas y tú quieres hacerles entender porque no la deben consumir, te propongo que practiques con ellos el siguiente ejercicio, sobre todo porque los jóvenes son inquietos, les gusta experimentar con lo qué NO se les permite», ya que en las escuelas y en los medios de comunicación, solo aparecen titulares de "NO A LA DROGA", ¿acaso ellos saben que es la droga? ¡No! como padres debemos guiarlos.

Objetivo y guía para evitar la adición

Invítalos a pasear «vas a hacer un experimento con ellos». Pueden correr unas cuantas millas, lo importante es que al terminar sus cuerpos estén sudorosos, cansados y "sedientos". Cuando te pidan algo de beber. Tú, les vas a decir, que no puedes darles nada de beber aunque «en tus manos está la botella con agua, se las muestras, pero no permites que la toquen» Pregúntales que sienten por la necesidad que tienen de beber el agua. La probabilidad que se desesperen y te quieran arrebatar el agua es posible, cuando los veas muy nerviosos dales de beber y luego sigue explorando las necesidades que sintieron, y que piensan o que imaginaron que podrían hacer para obtener el agua, y que harían en caso extremo. Luego mirándolos directamente les dices: Este experimento lo hice para demostrarles que el cuerpo cuando tiene una necesidad apremiante, obliga a la persona a hacer lo que sea para saciar su sed, utilice el agua para demostrar que así o peor opera cuando alguien consume drogas, el organismo súplica por más alucinógenos por eso es difícil dejar la adición.

Explícales que no tienen idea sobre que pasara con sus cuerpos al incursionar con las drogas prohibidas; hoy el mismo cuerpo los obligo a beber. Los químicos con que son elaboradas circulan por todo el torrente sanguíneo y se vuelve una necesidad física, la ansiedad es tan grande que pueden robar y hasta matar con tal de conseguir dinero para adquirirlas.

Cada vez que fuman marihuana, toman o aspiran cualquier droga alucinógena, sus neuronas mueren, no pueden ser reemplazadas, con el tiempo comienzan a hablar y caminar con lentitud «tienen los enlaces neuronales atrofiados» y las ordenes no llegan correctamente al cerebro.

La Nueva Mujer

Kriya-Mujer: Equilibrio perfecto. Acción. La ley de Kriya en la mujer es la de la Creación y la Acción. Acompañado de virtudes como Humildad, Valor, Entendimiento, Compasión, Perdón, Apreciación; todas te llevan al Amor Incondicional.

Ama a todos infinitamente y amate a ti misma, así estarás amando a Dios, no dejes de lado tu parte espiritual ponla en prioridad, ahí está la magia que te llevará a vivir en "COMUNIÓN" contigo misma. Es allí donde te postras en total humildad y te entregas a tu Dios; da la orden mental que su energía dadora fluya en absoluta unidad, su conocimiento eterno moldea tu realidad. Recuerda que Dios nunca pasará sobre tu libre albedrío. Tú sí que puedes utilizarlo el trabajara por ti... ¡persevera! pide que tus acciones sean guiadas, a través de la magia del amor veras los nuevos resultados, tus propias realizaciones se verán como verdaderos milagros y la gente dirá ¡¡qué suerte tiene!!. Cree en ti misma, no tiene sentido que Dios haya permitido que nacieras para sufrir y sin que tuvieras elección para manejar tu propia vida, no me cansare de decir que tú tienes la magia, Dios la creó entregándote el LIBRE ALBEDRÍO. Entonces has valer este derecho y úsalo adecuadamente a tu favor. No utilices tu sexualidad para la supervivencia, ni para atrapar a ningún hombre, eres mágica y puedes conseguir lo que quieras. Pon firmeza de carácter y ve de la mano con tu Dios.

Habla con la verdad, no tienes necesidad de mentir, para que otros se sientan bien, di bondadosamente tu verdad. Así influenciaras sin ofender a otro, te irás fortaleciendo y emanarás tu propia luz. Caminaras con la frente en alto, las personas cuando interactúan contigo sentirán confianza, tú serás el reflejo de la pureza interna de ellos, serás un imán de cosas agradables por lo tanto fortalécete en la verdad será tu escudo.

Si te proteges detrás de una enfermedad ten el conocimiento que la mayoría de ellas son psicosomáticas; un 99% son efecto de pensamientos erróneos, busca la causa, puede estar en la baja autoestima, sentimientos de culpa, victimismo, manipulación, buscas compasión de los demás, no respetas tu ser, no amar tu cuerpo... investiga detenidamente y utiliza tu cuerpo como canal para recibir la respuesta.

Escucha tu cuerpo emocional

La energía divina habla a través de tu cuerpo físico; ¿qué sentiré cuando la respuesta es NO? y ¿qué sentiré cuando la respuesta es SI?. Lo mejor es tomarlo como un juego consciente poniendo atención a la sensación que emana de tu cuerpo. Por ejemplo puedes sentir un peso sobre tus hombros cuendo es No y una apertura en tu pecho como de expansión cuando la respuesta es Sí. Algunos sienten una especie de cosquillas, o escuchan una voz interna que claramente no es la tuya, es importante estar concentrado.

Cuando obtengas las respuestas, el siguiente paso es perdonar y perdonar a todo y a todos hasta que encuentres equilibrio emocional, al perdonar el efecto de la enfermedad desaparecerá, la falsa creencia se borrara, entonces, desaparece totalmente cualquier enfermedad.

Es tiempo de vivir tu vida exactamente cómo quieres. No temas pensar así, toda mujer es guiada por pensamientos de amor y ternura por lo tanto no atentaras contra los tuyos.

La Menopausia

Se presentan problemas y síntomas molestos en la menopausia; es importante entender que es un paso natural en el proceso evolutivo y biológico de la mujer, porque se detiene el ciclo de procreación.

En la edad madura el cuerpo no genera los químicos y nutrientes adecuados para dar vida a un nuevo ser que se utilizaron en los años de fertilidad. Si una mujer quedase en embarazo a edad avanzada, probablemente sufrirían daños severos en su cuerpo o posiblemente el bebe saldría con trastornos, hasta podrían morir cualquiera de los dos.

La menopausia se debe tomar como una bendición y una liberación. Ama y habla con tu cuerpo; acepta con alegría los cambios, entra en contacto con tu sistema inmunológico, células, ADN. Enfócate y reclama que los cambios sean moderados, visualízate en salud perfecta. Los ejercicios, la danza, la natación y, beber agua poniendo la intención de que deseas es esencial.

Puedes ayudar a cerrar el ciclo con una ceremonia mágica, invéntala, sigue tu guía interna y deja que fluya lo que se te ocurra hacer. Solo sigue tu imaginación e intuición.

Agradece desde tu corazón bendice lo que eres y también la tierra, aire, fuego, agua, a tus seres queridos, en especial a otras mujeres; haciéndolo unas a otras crearemos una fuerza poderosa, sé una luz para todos los que están a tu alrededor, ayuda a sanar este bello mundo con alegría y camaradería, que será contagiosa y multiplicadora para la existencia venidera.

No te cohíbas de querer una mejor vida material para ti y tu familia. –Piensa siempre en grande, Dios te dará lo que deseas. El amor y la riqueza no son para unos pocos ni le quitarás a nadie. Dios da y tiene suficiente para todos. Él es ilimitado.

La honestidad no pelea con nadie, una conciencia benevolente, amorosa y tolerante, es la llave para ratificar la esencia de toda mujer siendo ¡únicas e irremplazables! ¡Tú eres única! Cree en ti.

En verdad descubrirás una realidad más allá de tus limitaciones. Recuerda que para desarrollar esta nueva consciencia creadora debes apuntar a lo que quieres, sin apresuramientos, no queriendo todo de inmediato, porque puedes cubrirlas de ansiedad y no dejaras que lleguen a ti, ten profunda certeza al hacer tu peticiones, todo es cuestión de actitud, da un tiempo para que se manifieste.

Guía: Te conectas con tu ser interno y las frases que podrías utilizar son: Utiliza siempre **YO...**

- Soy Feliz y seré... «Agrega lo que quieres para ti»
- Soy la abundancia y la prosperidad...
- Soy bendita por lo tanto ya tengo lo que quiero...
- Soy grandiosa y mi vida está rodeada de...

- Soy divina pues tengo ilimitadas opciones para...
- Soy el poder de DIOS en mis acciones...
- Soy mágica hago uso de mi libre albedrio para...

Visualiza cada una claramente ayudándote con dibujos y fotografías, ya que son más efectivas. Todas las oraciones están alineadas con la expansión y plenitud de la vida, por lo tanto utiliza la proyección de tus pensamientos guíalos para conseguir tus deseos, cree firmemente en que todo se te dará. Deja fluir la abundancia a tu vida, siéntete rodeada y protegida por el amor de Dios. Mira a todos en abundancia, felices y realizados, ellos también lo merecen, así construirás un destino maravilloso.

Eres Dios en acción cuando das. Dar tu tiempo, amor, esfuerzo, sabiduría, dinero o posesiones, es una forma poderosa de conocer a Dios y ganas la experiencia de poder transformarte a ti misma. Es grandiosa, no te la pierdas. Un pregunta ¿tus recuerdos felices y sentimientos de mayor alegría fueron precedidos por la adversidad? Muchos fueron así, se presentaron para fortalecer tu espíritu y para qué perseveraras en tu objetivo.

¿Estás pasando por algo similar?, vuelve a encontrar la fortaleza, el coraje y pasa al otro lado; derrumba las montañas de dudas y veras salir el sol.

Recuerda que:

- Para distinguir EL BLANCO primero conociste el negro.

- Conocerás LA ALEGRÍA, porque concebiste la tristeza.

- Conocerás EL AMOR, porque forjaste el odio.

- Conocerás LA TOLERANCIA, porque sufriste por intolerantes.

- Conocerás LA HONRADEZ, porque conociste la deslealtad.

- Conocerás LA FLUIDEZ, porque admitiste la carencia.

- Conocerás LA VERDAD, porque forjaste la mentira.

- Conocerás LA LIBERTAD, porque ya conociste la prisión.

- Conocerás LA DIGNIDAD, porque ya conociste la vergüenza.

- Conocerás LA DICHA, porque ya sentiste el dolor.

- Conocerás LA GRANDEZA, porque conociste la humillación.

- Conocerás LA VALÍA, porque conociste el ultraje.

- Conocerás LA CERTEZA, porque ya imaginaste la incertidumbre.

- Conocerás LA ACCIÓN, porque creaste la pereza.
- Conocerás EL GOZO, porque conoces LA FE.

- Conocerás LA DIVINIDAD, porque otorgaste EL PERDÓN

- Conocerás LA ESPERANZA, porque conociste la desilusión.
- Conocerás LA CALMA, porque conoces la impaciencia.

- Conocerás LA GRATITUD, porque admitiste el cinismo.

- Conocerás LA LEALTAD, porque conociste el engaño.

- Conocerás EL SILENCIO, porque inventaste el bullicio.

- Conocerás LA TRANQUILIDAD, porque conociste la tempestad.

- Conocerás LA ILUMINACIÓN, porque conociste la oscuridad.

- Conocerás LA RIQUEZA, porque fabricaste la pobreza.

- Moverás MONTAÑAS porque ya puedes derrotar la duda.

EL CONOCIMIENTO te dará SABIDURÍA y así conocerás a DIOS. DEJA FLUIR A DIOS A TRAVÉS DE TI, CON CADA ACCION QUE GENERES

Libro III

Juntos Para Siempre

Movimiento Yin: Grande; expansión.
Movimiento Yang: Pequeño; concentración.

Por La Igualdad

Karth: Amor, Verdad, Belleza, Armonía, equilibrio. Fuente del Amor y de la compasión. "Recuperación del amor por la vida y por nuestras actividades". Para todas las adiciones y para evitar en general tendencias autodestructivas.

Las mujeres son intuitivas y receptivas, nutren y aceptan, tienen a su favor La creatividad, la bondad, la indulgencia y la imaginación; estas energías pueden crear y afirmar relaciones fabulosas. Por esta razón puedo afirmar que las mujeres pueden equilibrar la balanza, No desmerito a los hombres, ¡No! en ningún sentido, ellos son piedra fundamental en este nuevo equilibrio.

Debes ser consciente que para re-construir este mundo; se necesita reconoce y hacer valedero el concepto de:

"CONSOLIDAR AL HOMBRE Y A LA MUJER COMO SERES IGUALES, ÚNICOS E INTEGRALES"

Conservando sus diferentes características, reconociendo que cada uno es un ser individual único e irremplazable.

Un paso importante es tomar responsabilidad cada uno, por los hechos que generen hacía sí mismos y hacía su pareja. En la unión, se tiene el conocimiento para vivir en armonía con la magia del amor, comprensión, tolerancia, permitiendo ser al otro lo que es, y, permitiéndose ser a sí mismo real. Es lo sublime del amor; se fortalecerá y honrara la vida misma, se derribarán los muros de dolor y soledad, se cruzaran los mares de ansiedad e incertidumbre creadas por las ideologías limitadas. Tengan puntos precisos de lo que quieren en pareja, las metas personales y en pareja, luego direccionen sus pensamientos para fortalecer su estructura de familia que los llevara a la libertad, siendo imanes atrayendo bendiciones a sus vidas. Un desafío es aprender a ser incondicional y no imponer condicionamientos.

Lamentablemente algunos pierden la perspectiva, llegan los inconvenientes, ejemplo: una mujer que ha pasado o tiene actualmente problemas con su pareja por otra mujer; esto es desbastador porque mina la autoestima, la daña gravemente y lo peor es que con estupor se preguntan repetidas veces ¿qué fue lo que hicieron mal? La valía queda por el piso. Sienten que no lo merecían y en ocasiones, que si lo merecían, por aquello de la culpabilidad por su pasado. Me gustaría que se preguntaran que pensamientos asumieron respecto a esa posible situación, ¿Si, existieron? indicaron ¿qué harían?, cuando descubrieran el hecho? Las mujeres cuando se reúnen lanzan comentarios sobre el tema y se apoyan entre sí. Bueno todo esto queda ahí en el espacio tiempo, no dan la contraorden, incluso piensan y juegan imaginándose cosas. Crean los sucesos primero en la mente y por ende llegan, «lo que pongan en pensamientos se dará»

Es importante que no creen desequilibrio cuando se vuelven co-dependientes uno del otro.

Existe algo diferente en relación con tu pareja él ya viene empaquetado y con instrucciones propias «je, je, je» algo de broma.

Te acuerdas del capítulo de "Por Qué Te Cruzas En Mi Vida", en el cual describí que las personas son los espejos que reflejan las actitudes que necesitas corregir en ti, bueno pues con tu pareja es totalmente distinto y antes de continuar – podrías responderme - ¿Por qué te enamoraste de él? –Tal vez me digas con un suspiro y ojos de ensoñación que él te pareció único y lindo, que lo viste puro, responsable, noble, porque fue como si ya lo conocieras desde siempre con solo poner tus ojos en él y, sentiste algo muy especial. Más o menos estas serían las respuestas. Bueno déjame explicar; Cuando te enamoras de alguien, esa persona refleja las cosas más bellas que existen dentro de ti, él te presenta las mejores actitudes, es tu espejo y refleja la pureza que existe en ti, ya que nunca la has perdido, siguen estando en tu alma. Esa es la razón por la cual sientes que hace tiempo lo conocías. Es lo mismo que sucede cuando conoces a personas que te parecen familiares y sin haberlos conocido antes.

La relación de pareja se representada como unidad en todos los sentidos. Las parejas se compenetran tanto a nivel físico como psicológico, el problema es que a veces pierden totalmente el concepto de ser individuales y se van olvidando de su propia identidad, es muy peligroso porque dentro de la relación deben reconocer y tener claro que son individuales, únicos, aunque ambos son iguales en derechos, y que cada uno tiene diferentes roles dentro del desenvolvimiento del hogar, ofreciendo su apoyo y cooperación. Si la individualidad falla, el más dominante de los dos siente que tiene derecho y posesión sobre su pareja y empiezan un ciclo de ama(o) y esclava(o) el que coge el mando es el que determina y ordena lo que se va ha hacer, es ahí cuando empiezan a faltar el respeto levantan la voz, son intolerantes y se molestan por nada, pueden llegar al maltrato físico y con esto se llega al límite; pasas de ser esposa(o) a ser otro objeto de la casa. Sobre todo las mujeres entregan su poder, su dignidad y su amor propio. La vida se convierte en un verdadero caos.

Esta es la razón fundamental por la que se deteriora seriamente la relación, entonces es ahí cuando se incorpora algo muy sutil, es como una tercera fuerza que entra en acción fluctuando entre los dos, es como si tu pareja tuviera dos identidades; pasa de ser el espejo de tus actitudes bellas, a ser el espejo de las cosas que más te molestan de ti misma; son dos caras en una, empieza a formarse un vórtice de emociones psicológicas en desbalance.

En momento te sientes amada y respetada, él da lo mejor de sí, que es también lo mejor tuyo, sucumbes a él por la energía que emana. Y en otros momentos te deteriora psicológicamente te disminuye no comprendes bien cómo te ama y te posee en la forma en que lo hace y te hace sentir que eres maravillosa «cuando quiere», y en un instante cambia y te hace sentir tan poca cosa... entonces aparece la sumisión, tratas de llevarle la razón; de servirle prontamente, de suplir sus requerimientos, te conviertes en su empleada. Él fluctúa entre la ternura y la tiranía y tú entre la agonía y la alegría.

Presta atención a tus actitudes y corrígelas mejora tu autoestima y fortalece tu carácter; no te aferres a él por una sobrevivencia, ni por aquello de "qué tus hijos necesitan a un padre" Ellos requieren a un padre amoroso y respetuoso, que enseñe con sus propios actos el respeto a la mujer, los hijos aprenden de lo que ven y perciben en el entorno de su hogar, no de lo que les dicen.

Toma un tiempo para ti y apacíguate, no caigas en el error de tomar revancha para sentirte victoriosa y doblegarlo, lo castigas negándole tu cuerpo con escusas y una serie de achaques y dolores o, quizás utilizas tus encanto,; internamente sabes que tienes poder sobre él y así consigues lo que quieres. Este juego te deshonra y refuerza la psico-dependencia. Este tipo de represalias no ayudan en la relación. La debilitan y le dan poder a la tercera fuerza que han creado, hoy están felices, mañana están decepcionados.

Debes saber que en el acto sexual se maneja una energía poderosa, imagínate lo que sería utilizándola con la intensión del amor, con alegría y sabiduría. Llévenla a la sacralidad y obtendrán el éxtasis total, sean unidad.

Empiecen con visualizaciones de que desean. Revisen sus pensamientos, La energía femenina es tierna aunque sofoca si es utilizada inadecuadamente y al hombre cuando se le permite expresar sus sentimientos sin sentirse menguado florece en su ser.

Si tu decisión es continuar adelante con tu relación, a pesar de tener problemas entonces, ten presente lo siguiente:

Revisa tu actitud y pregúntate ¿me he convertido en una víctima? O, esperas que solo tu pareja mejore la relación, las víctimas son egoístas y demandan más atención ya sea queriendo que le demuestren su amor a cada instante, quieren más caricias, más ropa, viajes, más de todo. Si es tu caso, sofocas a tu pareja de manera tal que no le permites airearse; el matrimonio terminará asfixiándose, es necesario recibir viento fresco, no dejes archivado en un oscuro rincón el saber dar. El arte de dar es permitir ser, nadie es dueño de nadie.

Cuando la energía sexual está desbocada es un causal de infidelidad; han abierto una brecha al perderse la magia que los unía, no se miran como espejos de sus cualidades, y puede aparecer otra; alguien que le refleja lo mejor de él, por eso les atraen inicialmente cayendo bajo su influjo, tal vez lo hagan inicialmente pensando en vengarse de ti, o, por costumbre... por pasar bien un rato... les gusta jugar estando al borde del abismo esta sensación les genera adrenalina pura la cual inunda sus organismo de químicos inadecuados y poco a poco se convierten en adición, «es como la marihuana»

Miente y se siente superior a ti, sabe que te engaña, quiere sentirse poderoso y se convierte en presa fácil, puede ser manipulado por la habilidad psicológica que algunas mujeres utilizan para sacar provecho. Esta es la energía femenina encaminada hacía la degradación de ellas mismas.

Ten en cuenta que el hombre por culpa de la educación y manipulación que ha sido objeto a través de los siglos, trae esa programación en sus genes a nivel subconsciente; se sienten superiores a la mujer y sienten que tienen derecho sobre ella no la valoran, por eso la maltratan psicológicamente, verbalmente o físicamente.

Lamentablemente con la ayuda de las mismísimas mujeres que generación tras generación ha perpetuado esta división y han endiosado al hombre.

El hombre, internamente siente algo contradictorio; su pareja no es producto de sus fantasías, no es el recipiente donde puede desfogar sus deseos precisamente porque no está en su ilusión, por eso cuando está en los brazos de su amante se siente vivo, se siente conquistador, y no sabe o no quiere parar, el sexo le coge la delantera. El en su ser interno quiere ser integro en sus relaciones como cualquier ser humano, lo equivocado es convertir a su pareja en el blanco de su mismo odio, descarga en ella la aversión que siente y la convierte en su caneca de basura, la culpa internamente porque en sus pensamientos no es la persona ideal de sus fantasías, es entonces que endiosa a su amante; la que no comparte los problemas de su hogar, ni está a cargo de sus hijos, puede perfectamente estar preparada para él con vestidos seductores, se arregla, se perfuma y esta lista para abrir las piernas, él desahoga en ella sus ímpetus de macho; Y ella que es la estrella de la obra hábilmente le dice al oído que él es el ser más importante de su vida, que lo quiere; que como él no hay ninguno, lo enaltece, lo encumbra, le brinda su encanto y sonrisas, le aplaude hasta sus chistes idiotas, mintiendo para conseguir los regalos y las caricias que él le prodiga, ella se siente especial por un rato, está jugando lo suyo la valía está en decadencia, no se ama , no se respeta; busca consuelo a cualquier precio, manipula se hace la dulce inocente, la victima de todos, de la vida, en especial de su esposo «si está casada» para hacer que su amante la proteja, el hombre que no está lucido en su apreciación, destrozado internamente por sus mismas mentiras, sucumbe y se deja manipular.

Hombre no inculpes a tu pareja porque no cubre los requisitos que has concebido en tu mente, si la consideras boba, pesada, mal hablada e idiota. -Son todos los rasgos negativos de ti mismo, no entres en carrera loca de auto castigarte, creando más resentimiento, frustración y desencanto en ti mismo que luego refregaras a tu pareja. Ten en cuenta que tu amante también se deja engañar y cree que tomaras finalmente la decisión de abandonar a tu familia para unirse a ella «algunas veces lo consiguen y por lo general esos hombres pierden su hogar, el respeto de sus hijos y con el tiempo se dan cuenta que se han dejado manejar y se lamentan de su debilidad» y hasta quedan solos.

Te preguntarás ¿cómo arreglar este embrollo que he formado? -bien, puedes cambiar la situación al tener la valentía de poner un alto y decidir que la infidelidad debe terminar o bien, dar por terminada la unión con tu pareja actual, como todo un caballero, si, así lo hicieras. No producirías tanto dolor y desconsuelo, sobretodo no marcharías contra ti mismo y serás recordado como un hombre de palabra, tú sabrás que nunca fuiste en contra de tus principios, ni contra ti ya que diste tu palabra de honor y la quebrantaste.

Si eres la/el amante, valórate se responsable de tus acciones, no te hagas más daño y no lo provoques en otro ser, algún día lo vivirás en carne propia y sabrás lo que es sentir ese dolor, si lo haces es por venganza porque ya te lo hicieron, la única manera de corregir es perdonando y perdonándote. No permitas que esta acción llegue repetidamente a tus existencias venideras.

Mujer si ves a tu pareja lejana, como un extraño y buscas consuelo en otros brazos tal vez porque aparece alguien especial y sucumbes a la energía que emana ese nuevo ser, porque de él recibes atención y él demuestra un genuino afán en ayudarte; te será difícil decir no. Te involucras aunque no te sientes bien contigo misma y puedes enfermar. Respira profundo aquiétate y preguntante ¿porque lo estás haciendo?, ¿es un escape o es venganza?, ¿es un capricho pasajero?, ¿qué grado de culpabilidad sientes?, ¿estás dispuesta a iniciar una nueva vida con esa persona? si no descubres la respuesta te volverás más complaciente con todos en tu casa, trataras que sean felices, te quintuplicarás porque tu consciencia se siente indecente y te vuelcas materialmente a limpiar y fregar la casa hasta en forma enfermiza, para ocultar tus propios sentimientos, en el peor de los casos golpeas a tus indefensos hijos; llevándote a experimentar más dolor y depresión. Cuando te das tiempo de sentir y lo meditas te entra tal desconsuelo en tu alma, sabes perfectamente que tus hijos son lo que más amas y les has hecho daño, -¡vamos mujer! Se honesta contigo misma y evalúa tu vida desde un observador, «mirando los toros desde la barrera», podrás tomar la decisión adecuada, respira profundo lleva la respiración hasta el estomago, relájate y toma el control de tu vida; Perdónate ya que tu esencia misma es solo amor, amate por favor; hónrate y enaltece al ser que vive en ti, recapacita solo tú eres quien se hace daño.

Lo anterior sucede lamentablemente por la educación tan precaria en relación a los valores adoptados de generación en generación. No te enseñaron a honrar la vida misma y a vosotros mismos como seres únicos e intégreles y que son la misma representación de Dios.

Otro problema a que se enfrentan es al desequilibrio existente en la sociedad, que ejerce presión en los medios socioeconómicos cada nivel trae consigo su propia problemática. El hecho que hayas nacido en la clase denominada baja o media, no significa que no puedes cambiar tu entorno, no pienses que está es tu única realidad, mira otro escenario y crea la nueva realidad, no percibas en otros seres que tienen mejor suerte que la tuya, más bien piensa en que estarán pensando ellos, ya que están consiguiendo todo y aplica la misma fórmula para ti, pensando adecuadamente.

El mundo físico en el que vives es una ilusión y, estás inmerso en él; se compone de la percepción ilusoria de lo que llamas realidad.

Para tu conocimiento en todo este escrito estoy tratado de enseñar que puedes desarrollar a tu conveniencia, la vida es el único medio que tienes para construir, para crear. Eres el creador de tu propia realidad, la creas conscientemente y se basa en lo que tienes en el inconsciente, ya que todo el tiempo todos lo están creando y co-creando, recuerda que tus pensamientos son la base de tu realidad y está se entretejen con las vivencias de todos los demás; la construyes primero en unidad tú solamente y luego atraes a tu destino a otros seres que están en las mismas coordenadas de energía y pensamiento, ósea están a tu nivel, esa es la forma de creación de cada nivel social, tus hijos llegan en tu mismo nivel social y la pareja que escoges está en la misma consciencia social y todos actúan entre sí - lo hacen todo el tiempo, eso es lo que llaman ilusión.

Repaso

Cuando tus pensamientos están en el pasado es lo que creas en la realidad actual y es tu futuro inmediato. Debes y digo debes vivir en el ahora en el presente exacto pensando seriamente con claridad; morando en tus pensamientos es decir soñando despierto en lo que quieres, será la base sobre la cual edificaras tu presente, de ahí se desplegará hacia tu futuro. Es importante estar re-direccionando los pensamientos formando las nuevas redes neuronales, las anteriores son como caminos de herraduras con piedras y huecos, las nuevas que crearas serán como modernas autopistas sin baches ni obstáculos.

Cómo podría aplicar esta experiencia en la relación de pareja. «Conoce la verdad y te hará libre» significa que consigues únicamente lo que pongas en tu mente» Con honestidad y lealtad, viviendo en el ahora, el momento presente «sin ese pasado de sufrimiento» podrán conformar una familia amorosa y estable, erigiendo el hogar como unidad; artífice directo y responsable para crear, viviendo en amor, respeto mutuo y en completo conocimiento que ustedes y lo que tienen en sus mentes generan el cambio que desean y hacen el balance perfecto, así, se borrara el desequilibrio.

Pregunto:

- ¿Están cansados del desequilibrio?

- ¿Por qué continúan así?

- ¿Por qué se permite abusar de un indefenso niño?

- ¿Por qué lo permites para retener a tu pareja?

- ¿Por qué para sentirte macho tienes que abusar de una mujer?

- ¿Por qué no dejas tomar decisiones a tu pareja?

- ¿Por qué permites que la sociedad te esclavice? estas en pleno siglo 21.

- ¿Por qué se lo permites a tu pareja?, ¿por qué lo haces?

- ¿Por qué impones ciertos deberes "obligados" a tu pareja?

Es tiempo de tomar conciencia y responsabilizarte de las acciones que generas, y no ser los directos creadores del desequilibrio.

Otro ejemplo, si tu pareja requiere que hagas ciertas cosas para sentirse satisfecho por un rato, él tiene serios problemas de inseguridad, es un ser con incapacidad de buscar dentro de sí; por lo tanto, no se siente bien, ni te permite que te veas bien o que te vaya bien. Por esta razón ejerce más presión y te exige comportarte de una forma determinada. Si él necesita esta clase de poder para estar realizado, va a ejercer mayor control sobre ti y no tolerará que otro se acerque a ti y mucho menos que le hables o lo mires, los celos están al orden del día, lo que él hace te lo reprocha a ti por la falta de honestidad de su parte, su baja autoestima está por los suelos y debido a su inseguridad, te hace responsable de su dicha poniéndote en una situación frágil de servilismo y esclavitud. Por favor no lo permitas más, reconquista tu integridad y valía.

Ten en cuenta que; para que haya un tirano alguien se cree merecedor del castigo, a veces las mujeres callan; no quieren que los niños se den cuenta y tratan de preservar el hogar; ten presente que así jamás lo salvarás, se ahogará, callar equivale a otorgar y aceptar. Entonces, él hará todo lo que quiera, no le entregues tu existencia, la solución es reconquistar el valor en ti misma, hazlo por ti, por tus hijos e inclusive por él mismo.

Recomiendo que hagas la siguiente guía

Ponte de pie, sube la cabeza abre las piernas hacía los lados baja los brazos a lo largo del cuerpo, aprieta los puños, sube la barbilla y pon tu mirada a lo lejos en lo alto, quédate ahí un rato con los puños apretados pegados a tu cuerpo... que tu cuerpo conforme materialmente una pirámide, fija la mente en tu objetivo y deja que todo tu ser sienta la energía que llega entrando por la coronilla y en esos precisos momentos es que obtienes la energía del poder, te fortalecerás y estarás en plena unión espiritual. «La espiritualidad te da poder, por favor no lo olvides» Puedes hacerlo y repetirlo a cada momento, hasta que hallas adquirido la energía necesaria para poder enfrentarte a los hechos o, si tienes necesidad de pedir ayuda, y sientes que no lo puedes enfrentar sola, ¡hazlo! Existen programas de ayuda a la mujer o escríbeme al email: **edilma_angel@yahoo.com** te apoyare con mi energía y mis consejos. Comprendo que estas minada, cansada y tu fortaleza ha disminuido, debido a que has permitido que entren pensamientos inadecuados. Querida mujer no permitas ninguna anulación, no calles, no llores, no implores, ni temas... Se honesta contigo misma y pregúntate por qué continúas involucrada en esa relación... porque has creado está realidad de sufrimiento. Eres merecedora de amor, eres merecedora de toda la felicidad del mundo, tú eres la hija amada de Dios. Del Dios Dador y, si tienes hijos ¿cómo y qué quieres para ellos?, ¿qué honestidad les enseñaras?, ¿qué igualdad trasmitirás? Tu ejemplo es el legado que les dejaras, ¡Valórate! ellos aprenderán a valorar a la mujer y serán hombres dignos y justos.

A veces es necesario dejar esa pareja atrás, en el pasado, y empezar una nueva vida – ¿Qué estás sola?, no temas -siempre se te abrirán nuevas puerta, sabes, ninguno se tiene que volver pequeño para alimentar el egocentrismo del otro, si delegas tu poder y tu autoridad que puedes esperar del futuro; Probablemente desarrolles una enfermedad y hasta un cáncer, el cuerpo responde al estado de ánimo de la persona.

No te dejes atrapar por la confusión, tienes magia has uso de ella; si por el contrario sientes que él es un ser especial y que puede cambiar, conversen y aprendan a perdonarse uno al otro, tal vez pueden reiniciar el matrimonio, con bases sólidas, de amor y dignidad, respetándose los dos.

Guía: Escribe una carta dirigida a tu pareja, «es necesaria» en ella puedes poner todos tus pensamientos, todo lo que quieras, no hay límites. Plasma ahí tus sentimientos, a veces cuando se quiere iniciar un plática y no es el momento adecuado, cualquiera de los dos puede echar a perder el momento con intransigencias, para escribirla necesitas estar en calma y tener tiempo, pon en tu mente que será una herramienta que servirá para aclarar y afianzar la relación.

Ten cuidado de no empezarla atacando como por ejemplo: Tu eres un... no me sirves para nada... me tienes harta... eres un idiota... Si empiezas así ya perdiste el respeto; en ese caso es mejor que cada uno siga su camino.

Cuando inicies una carta debes empezar a hacerla desde tu ser sensible, plasma allí lo que sientes y más o menos empieza así: Querido... ésta es para expresar mis sentimiento hacía ti, te amo y he tomado la resolución de aportar lo mejor de mí a nuestro hogar... la situación que he creado de... «pones lo que quieres decir» por falta de conocimiento e inseguridad siento que he o hemos permitido que sucedan hechos bochornosos... que en definitiva no nos sirve para nuestro bien común, he permitido... Tal cosa... y esta otra... narrando todo, me siento en lo particular «narra tu sentir» por lo tanto yo prometo hacer... y deseo que tu... «Escribes lo qué esperas de él» y lo qué quieres rescatar de tu relación. Un ser que no se siente atacado, no contesta con dos piedras en la mano. Tú conoces mejor a tu pareja, recuerda lo que viste de especial en él.

Otra es la historia cuando te han impuesto un matrimonio, aun así puedes mejorar cualquier relación, si tu lo deseas.

Deja fluir tu amor y notarás como hace bien en tu relación, cuando abres sus sentimientos y pesares, cuando de veras quieres algo honestamente y haces el bien para los dos, aclarando y anhelando lo mejor, recibirás algo valioso de regreso, tú misma lo puedes crear.

Luego se la presentas a tu Dios, abre tu corazón libera tus pesares desde el fondo de tu alma, convierte tu ser interno en confidente, charla con Dios, pronto verás resultados asombrosos, siempre hay respuesta para todo lo que pidas, los problemas y las condiciones adversas se pueden corregir, dirige siempre tus pensamientos creando nuevas ilusiones.

Adopta pensamientos para sentirte mejor, y ve de la mano con Dios, tienes un sin fin de potenciales y un amplio panorama por desarrollar. Piensa qué haría Dios en tu lugar, como actuaría si tú fueras Dios, cómo podrías mejorar la relación, y hazlo en estado de perfecta comunión ¿qué puedes hacer?.. Quédate en calma y sentirás llegar la respuesta. Ya sea en un pensamiento, en un libro que leas, en algún artículo de internet o revista, en una conversación casual o puede ser con una simple visión, ponte en alerta y ten calma, la respuesta llegará, con los cambios a tu alrededor, incluidos los cambios de tu pareja que serán el reflejo de sí mismos.

Ejemplo: piensas que tú pareja te va a dejar por otra e imaginas cómo será tú vida sin él, sientes pánico y rabia con esa mujer inexistente. Cuando él llega le haces reclamos y lo insultas, por algo que solo está en tu mente y eso que tu cuerpo se desespera. Lo único que funciona es iniciar otra actividad involucrando tus pensamientos en otra cosa; lo ideal leer libros de autoayuda o de humor. Porque eres ciega, sorda y muda a tus emociones, ahí tienes la mejor guía para saber encausar tus pensamientos pon atención por favor.

Ahora descríbeme dónde está la realidad. ¿Humm? Solo en tu mente, por supuesto. Ahora da la contraorden para que no suceda. ¡Se lógica! Reconoce que fueron solo pensamientos, Di: en plena voluntad borro mis pensamientos errados. Yo ahora elijo vivir en armonía y en paz.

Ahora visualiza a tú pareja sonriente que llega a casa en paz y en actitud cariñosa y, siente la energía del amor llenándote e imagina que se contemplarán y se verán hermosos uno al otro, se abrazaran, besaran y reirán... Bueno dime cómo te sientes ante esta escena, ¿dónde está la realidad? En tu misma mente.

Compara lo que sentiste con la visualización primera « mal muy mal» con la segunda «feliz, esperanzada, tranquila», recuerda que todo
se crea en tu mente. Si sientes gozo, ganas de

reír y te sientes ligera, es indicación clara que estás en pensamientos correctos.

La materia no se crea así misma; existe primero como pensamiento, alguien la percibe en su mente y luego la manifiesta, dime de donde salieron los carros, los aviones, los cohetes, las casas - alguien los pensó, luego los dibujo, tomo tiempo contemplándolos hasta que llego la materialización. Esto vale también para la relación en pareja, reúnanse, planeen juntos recobren lo mejor de sí mismos, suéñenlo, luego vayan y vivan en armonía en sincronía y unidad.

Utilicen su espiritualidad. Desechen todo tipo de procedimientos, que haya impuesto la sociedad. Ustedes No son solo de carne y huesos son algo más, son seres espirituales, pidan orientación y guía para encontrar la verdad; pidan la energía y fortalecimiento, ¡todo les será dado!

Dirígete a tu Dios, «a la luz, la energía infinita»

- Querido Dios, dame el valor de...

- Dios, muéstrame el camino adecuado para...

- Obra a través de mí y permíteme tener claridad en...

Hagan peticiones nuevas para todo lo que quieran, llegaras a ser un maravilloso hombre resplandeciente como el Sol y tú una bella mujer como la Luna colmada de iluminación, juntos existen por lo tanto juntos son, los dos son grandiosos.

En la relación de pareja para conseguir una balanza perfecta es preguntarse siempre -¿estoy dando o estoy recibiendo?- observa a los maestros que están disponibles y que viven en sincronía; la naturaleza es un maestro magnifico – el árbol no pide permiso para crecer ¡crece!

Cuando nazca un disgusto miren la posibilidad que brinda para aprender, recuerden que en momentos de tranquilidad es muy fácil ser espiritual, en los difíciles la tormenta sacude si no están preparados espiritualmente, pueden quedar heridos y no tendrán fuerzas para ver salir el sol. El problema está manifestado, no se puede cambiar, mírenlo como un maestro enseñándoles, busquen la solución y apliquen el conocimiento de lo expuesto en estas notas, les aseguro que tendrán tranquilidad y una mayor visión.

Mujer pregúntate si tu relación vigente existe por amor, o estás llenando un vacío. ¿Eres consciente de tu relación? Si no, entonces tendrás que empezar a cambiar, sin dar la espalda a tu pareja; cambia y muestra tu nueva luz, tu amor, ternura, comprensión y revela la diferencia viviéndola tu misma, él podrá sentir malestar y quedara un poco desconcertado al principio, sin embargo observara los cambios, dale tiempo; una vez que se sienta a salvo contigo y perciba que no estás fingiendo, que eres autentica, con tu integridad, ternura, ilusión y fortaleza. Él las reconocerá y las querrá para sí mismo, se sentirá a gusto contigo y así será fácil manejar la nueva relación.

Hay un número fundamental e indivisible: el cero, te ayudará a remover lo que no necesitas.

- **Cero humillaciones:** con tu valía balanceada, difícilmente te oprimirán, nadie osara doblegarte porque tu presencia transmitirá un halo de dignidad y seguridad.

- **Cero ostracismo:** si te aburres, es porque no tienes una misión a desarrollar; conviene que te involucres en algo interesante, por ejemplo: estudiar o ayudar en un grupo específico, aquí lo importante es dar el primer paso, hasta que descubras tu misión de vida.

- **Cero desesperanzas:** equivale a la falta de confianza en ti misma, ¿qué quieres? algo bueno hay para ti, reconócelo, búscalo, probablemente es tu conexión espiritual que la tienes olvidada.

- **Cero lamentaciones:** recuerda que lo que dices son órdenes, mejor re-direcciona tus pensamientos y utilízalos a tu favor, creando travesías y nuevas oportunidades.

- **Cero inquietudes:** muchos pensamientos inquietantes respecto al futuro, lo mejor es vivir el ahora y desde este presente crea lo que será tu futuro real.

- **Cero frustración:** puedes empezar por explorar nuevos mundos; existen cursos, talleres, conocerás nuevas personas, aprenderás un arte, descubre tus potenciales artísticos, escribe poemas, un cuento, una novela, lo importante es hacer algo.

- **Cero amenazas:** no amenaces a tus hijos con su padre, tú también puedes marcar normas claras y educarlos, si te escudas detrás de tu pareja, estás cediendo tu poder y a la larga te hará mucho daño, perderás el respeto y la confianza de tus hijos y de tu pareja.

- **Cero celos:** los celos muestran egoísmo y complejo de inferioridad. En vez de perder el sueño, a cargo de los señores del pensamiento errado. Utiliza el mismo tiempo a tu favor, embellécete sintiendo tu belleza interior te veras guapa/o, no importa la edad, vive el gozo de estar vivo, se lógico; de ti depende recrear tus relaciones.

- **Cero miedos:** con la fortaleza del espíritu nada podrá perturbarte, sabes a ciencia cierta que puedes crear y recrear tu destino el cielo es el límite y no tiene límites. Tú tampoco te limites.

- **Cero dudas:** encausa los pensamientos tú tienes el poder para cambiarlos, utiliza tu magia.

- **Cero remordimientos:** deja el pasado fue solo un aprendizaje, dedícate a vivir el presente en armonía, no te cuesta nada, es cuestión de actitud.

- **Cero infidelidades:** el conocimiento sobre lo que representa la otra persona. Que es el espejo de tus mejores actitudes, será una guía fundamental de tu estado actual.

- **Cero ineptitudes:** ¿qué no puedes solucionar cosas?; recuerda que puedes conseguir lo que quieras, solo redirecciona tus pensamientos, enfócate en lo que deseas.

- **Cero intransigencia:** si tu disciplina en el hogar es orientada hacía al castigo, esto desequilibra además, bajo el castigo, se suprime la autoestima y haces seres infelices, los conviertes en fanáticos desequilibrados que tratan de tenerte o tenerlos contentos a pesar de ellos mismos; la disciplina se debe dirigir y dar con amor y aprecio al ser, ellos crecerán sintiéndose seguros de sí mismos. El mayor desacuerdo en una pareja es cuando uno dice si y el otro no. Hagan una reunión los dos, pónganse de acuerdo primero y luego con sus hijos precisen las pautas a seguir; es necesario tener claro las normas sobre los permisos y quien lo otorga; si uno de los hijos se dirige a ti, tú eres a quien le corresponde contestar, sabes de antemano que tu pareja te respaldará.

- **Cero agobio:** lo mejor es compartir con tu pareja los quehaceres de la casa y la crianza de lo hijos, tener tiempo para ti, y poder reconectarte, estar tranquila es muy importante; te ayudará a equilibrar la balanza.

- **Cero inseguridades:** si en tus obligaciones está la atención desmedida hacía tu pareja; lo tratas como niño protectoramente hasta preparas su ropa cada día y le retiras sus zapatos cuando llega a descansar. No te ayuda en nada lo volverás exigente, te conviertes de su señora a una señora del servicio "sin salario" con la casa orden, la cena lista, tú impecable vestida; por si aparece con amigotes para que los atiendas. Es una de las formas en que pierdes tu individualidad y luego aparecerá la inseguridad, acompañada de irritación, impaciencia y desanimo.

- **Cero dualidad:** te dedicas a sufrir y a callar para evitar que los demás sufran, vives en tensión, cuidando lo que dices por temor a herir la susceptibilidad de tu pareja e hijos pensando que no dañaras la convivencia; a pesar que pasas sobre tu propia sensibilidad. Sin darte cuenta te vas convirtiendo en masoquista, sufres calladamente y te lastimas, luego vienen las enfermedades.

- **Cero culpabilidades:** me imagino que quedo en claro que no te hacen nada bien.

- **Cero odios y venganzas:** Termina esos contratos, no le entregues tu poder a esas fuerzas negativas, libérate aprendiendo a **perdonar** y AMAR es la única solución.

- **Cero orgullos:** si siempre quieres tener la razón y no te pones en la piel del otro, puedes lastimar al otro u otros y herirte tú misma. La humildad y la verdad son las mejores armas para vencer la insatisfacción.

También puedes hacer este ejercicio de preguntas y respuestas:

- ¿Por qué soy insegura? = es que tengo miedo.
- ¿Por qué tienes miedo? = no quiero quedarme sola.
- ¿Por qué no puedes quedarte sola? = tengo muchas dudas.
- ¿Por qué dudas? = porque me siento impotente.
- ¿Por qué la impotencia? = por causa de mi debilidad.
- ¿Por qué la debilidad? = porque soy insegura.
- ¿Por qué la inseguridad? =Porque he entregado mi poder, a mi esposo, a mis hijos.

- ¿Por qué entregas tu poder? =Por una supervivencia, por seguir normas sociales.
- ¿Por qué...?

Continua con las preguntas y respuestas, hasta poner en claro tus dudas. Pregunta ¿Sientes amor por ti misma?, ¿le dedicas tiempo a tu espiritualidad?, ¿le prestas más atención a tu cuerpo y a otros? Emerge con la sabiduría de tus experiencias, dejando el pasado, dedicándote a vivir en el AHORA. Todo lo puedes cambiar. Tú, él, todos tienen la capacidad de cambiar sus vidas.

Utiliza la misma fuerza del amor, recuerdas fue arrasador cuando te enamoraste, era magia pura en movimiento. Crea de nuevo la camaradería con tu pareja, sean amigos, busca momentos de sosiego y tranquilidad para refrescar la relación, recuerden la unión exquisita de aquellos momentos, cuando vibraban con todas las fibras de su ser, eran luces centelleantes sentían gozo y urgencia de hacer cosas uno para el otro, compartan de nuevo momentos idílicos.

Dice Ramtha "Que dos iguales que crecen y experimentan reflejos uno del otro, en cada experiencia individual, presentan una intensidad compartida y se obtiene la sabiduría sobre la experiencia de alguien que está evolucionando al mismo paso de uno, lo que se gana de su experiencia se puede atesorar como sabiduría"

La creación ideal del matrimonio es simple solo basta con poner atención a cada pequeño detalle, como una semilla requiere de alimento para crecer firme, sana, entonces dará buenos frutos. La comunicación es necesaria, confíen en la presencia maravillosa y manifestación del amor; Dejen fluir a Dios a través de vuestros corazones.

Las siguientes palabras, son algo más porque describen una serie de energías que la mente sigue desde el impulso del corazón, son las virtudes que están dentro de cada ser, poniéndolas en práctica en plena voluntad y viviendo lo que cada una encierra, pronto se tendrá un mundo mejor.

- Gozo y libertad

- Conocimiento y sabiduría

- Gratitud y esperanza.

- Valía y poder personal.

- Alegría y pasión.

- Entusiasmo y optimismo.

- Satisfacción y esperanza.

- Ilusión y creencia.

- Perdón y compasión.

Con ellas se obtiene el conocimiento, ¿Quién decide cómo vivir? Cada uno, nadie más puede hacerlo por ti.

El humor fortalece el alma liberando al espíritu, la danza ayuda a crear la química adecuada para la tolerancia y el perdón, el perdón es el bálsamo de la juventud y, el amor es la mejor crema nutritiva que ha existido, la tolerancia, el perdón y el amor te conducirán a tener una salud radiante y la eterna juventud de tu alma.

El hombre en sí; es mente con un cuerpo y espíritu glorioso. Recuerda que el poder de tu mente es ilimitado, tu destino es expandir tu conciencia; lo que pongas en tu mente teniendo certeza se te dará. Es la energía de Dios. -Tu Dios se confabula con el destino para entregártelo, ahora cada vez que recibas algo acéptalo, se agradecido y conecta tu abundancia con el infinito y con tu Dios – Para tener éxito hay que crearlo y creerlo.

A los dos: cada uno busque su propósito de vida; realicen y manifiesten a través de las palabras con el pensamiento adecuado, son seres únicos y maravillosos, valiosos, irremplazables, poderosos, todos estos atributos te conducen a la libertad.

Por último, imaginen una convivencia en pareja conservando cada uno su individualidad: permitiendo, amándose uno al otro, poseyéndose en unidad. ¡Qué maravilla! Es un canto a la vida, un canto al amor sublime.

Son Dioses hechos a imagen y semejanza de Dios, entonces no pueden ser menos que él, es vuestro regalo por derecho propio. Disfrútenlo en pareja y apuesten a la paz.

¡Sean Felices!

A Mi Gran Amor

∞

Tú y yo compartimos
instantes sagrados
momentos profundos
de inocencia impoluta

El amor
Es en sí, en sí, en sí
la unión divina
entre los dos

Como espíritus gloriosos
cada uno es, en sí, en sí
el perfecto
reflejo de su amado

la sabiduría y plenitud
del amor
ha perdonado
los traumas del ayer

Cual faro brillaremos
Tú y yo por siempre
¡oh! mágica
manera de amar